养育
情绪稳定
的孩子

视觉安抚、触觉安抚的艺术

[新西兰] 迈克尔·B.汉普斯特（Michael Hempseed）
[新西兰] 苏·巴格肖（Dame Sue Bagshaw）女爵 著　　吴梦瑶◎译

北京联合出版公司
Beijing United Publishing Co.,Ltd.

图书在版编目（ＣＩＰ）数据

养育情绪稳定的孩子：视觉安抚、触觉安抚的艺术 /
(新西兰) 迈克尔·B.汉普斯特, (新西兰) 苏·巴格肖著;
吴梦瑶译. -- 北京：北京联合出版公司, 2024.3
ISBN 978-7-5596-7317-6

Ⅰ.①养… Ⅱ.①迈… ②苏… ③吴… Ⅲ.①家庭教
育 Ⅳ.①G78

中国国家版本馆CIP数据核字(2023)第241406号

Calming Your Child © 2022 Michael Hempseed, Dame Sue Bagshaw.
Original English language edition published by Familius PO Box 1249, Reedley
California 93654, USA.
Arranged via Licensor's Agent: DropCap Inc. All rights reserved.
Simplified Chinese edition © 2024 Beijing ZhengQingYuanLiu Culture
Development Co., Ltd.

北京市版权局著作权登记号：图字01-2024-0188号

养育情绪稳定的孩子：视觉安抚、触觉安抚的艺术

著　　者：［新西兰］迈克尔·B.汉普斯特　［新西兰］苏·巴格肖
译　　者：吴梦瑶
出 品 人：赵红仕
责任编辑：李艳芬
选题策划：尧俊芳
封面设计：WONDERLAND Book design
　　　　　仙境 QQ:344581934
装帧设计：季　群　涂依一

北京联合出版公司出版
（北京市西城区德外大街83号楼9层　　100088）
北京联合天畅文化传播公司发行
北京中科印刷有限公司印刷　新华书店经销
字数210千字　640毫米×960毫米　1/16　19印张
2024年3月第1版　2024年3月第1次印刷
ISBN 978-7-5596-7317-6
定价：48.00元

前言

　　有一个小镇，坐落在悬崖底部。在这里，经常有很多汽车摔下悬崖，镇上的人每次都会友善地叫来救护车，去救助那些掉下悬崖的人和车。日复一日，年复一年，镇上的人都在忙着"救死扶伤"，每年依然有车有人掉下悬崖。其实，只要我们想到在悬崖边上建一道护栏，就可以避免掉下悬崖的事情发生，但很多时候，越是常见的方法却越容易被我们忽视。

　　养育孩子也是这样，当你只忙着"救死扶伤"，不断寻找各种应对方法，问题还是会不断出现，而当你找到解决某个问题的根源时，就会发现最简单的方式其实就在身边。

　　安抚哭泣不止的孩子，一个小小的纽扣可能就能做到；一次户外散步，就可以让原本闷闷不乐的孩子开怀大笑；改变家庭的气味，也许就可以减少孩子发脾气的次数……而这些正是医学博士苏·巴格肖和心理学家迈克尔·B. 汉普斯特在《养育情绪稳定的孩子》一书中所说的用触觉、视觉和嗅觉等感官就能让孩子平静下来的方法。

这些方法原本是苏博士和迈克尔用来帮助那些在地震中受到创伤的青少年，但在咨询过程中，苏博士和迈克尔发现：这些方法不仅适用于经历过创伤的儿童，也同样适用于所有表现出情绪和行为问题的孩子。

一个拥抱为什么就能给孩子以安慰？伤心的时候，很多孩子为什么总是喜欢抱着一个毛绒玩具？为什么总是关在家里的孩子容易抑郁，而经常户外玩耍的孩子情绪和心理问题相对较少？……这些其实都源于一个理念：人的感官和情绪有很大的关系。

触觉、听觉、视觉、味觉、嗅觉，这些感官不仅维持我们身体的正常运行，更能够对我们的情绪产生安抚作用。比如抚触，就是利用了触觉来安抚婴儿的哭闹，而在母乳喂养时，母亲与孩子之间的肢体接触更是能给孩子极大的安全感；比如经常看快节奏动画片或短视频的孩子，不仅情绪很容易暴躁，记忆力和自控力也更差；而相反看纸质书的孩子，情绪则会更加平和，其中的原理就是相对静止的画面接触可以在视觉上安抚孩子的情绪；再比如很多紧张的孩子，嘴里嚼点东西就能让自己平静下来，而焦虑的人，喝一口水心情就会舒服很多，这也是味觉对情绪产生了作用。所以，只要利用好我们的感官，就可以找到巧妙的方法安抚孩子的情绪。

当然，本书不仅介绍了几十种安抚情绪的方法，也针对孩子的情绪和行为问题为大家细致地介绍了相关的因素。

可以说，这本书是真正能让父母拿起来就能用的情绪安抚全书。不过，每个孩子都是不一样的，没有一种方法是万能的，所以在阅读过程中，作者也建议我们可以做一个简短的日志书，记录下自己认为可能影响孩子的因素或者是想尝试的方法。在不断调整的过程中，我们才能真正找到一套适合自己孩子的方法，养育出情绪稳定的孩子。

编者

目 录

序言

　　现如今，养育孩子比以往更加复杂和困难。很多父母和老师每天都要花很多时间来处理孩子的情绪和行为问题。一位有着 40 年教学经验的老师告诉我们，在整个职业生涯中，她还没见过像今天这代学生这么多的行为问题。不仅如此，我们也从很多父母、专业辅助机构和老师那里听到同样的说法。在接下来的章节里，我们会看到这不是他们的想象。在过去十年，尤其是近几年，孩子的心理和行为问题正以惊人的速度增长。

　　很多父母和老师都想知道如何来处理这些难题。每当他们试图去管教孩子的时候，最后都会感到挫败失落，压力重重。因此，我们希望通过这本书，既能让你学到一些即时安抚孩子情绪的技巧，也能学到这些挑战性行为背后的原因。最终，我们希望能在第一时间来防范这些问题的出现。

　　在这里，我们对你没有责备。相反，我们希望帮助你找到一种更积极的前进方式。在整本书中，我们都要承认养育一个孩子有多艰难，即使你很爱他们，但你依然会高频率地感受到压力。

本书针对的是 4～12 岁孩子的父母或老师，当然我们也希望不是这个年龄范围的父母和老师同样能在书中找到有用的信息。很多读到我们手稿的读者说，即使他们的孩子都 20 多岁了，还是觉得这本书有帮助！

全书分为四部分，第一部分是父母和老师面临的难题，其中包括挑战性行为以及围绕儿童发展方面的核心概念；第二部分讲述了安抚孩子情绪的即时措施；第三部分探讨了导致孩子情绪爆发和不良行为的一些影响因素，因为这样我们才能对孩子的情绪爆发做一些预防措施；第四部分则是教我们如何调整养育方式，规避一些明显的问题。

在后面的附录部分，我们用了三个例子，引导你如何把本书中学到的东西付诸实践。

每个孩子都是不同的。我们不能用一种方式或技巧来应对所有的难题，相反，我们为你提供了很多方式来改善孩子的行为。

在阅读这本书的过程中，我们推荐你做一个简短的笔记，记录那些你觉得可能会影响孩子的因素或你想尝试使用的技巧，当你第一时间要用时，可以方便你检索。

很多育儿书试图只解决孩子的某种挑战性行为。在这本书中，我们试图从更广阔的社会结构层面来看待孩子，因为我们相信，要真正帮助孩子解决行为问题，我们必须看到更广泛的家庭和群体。

我们写下这本书，是想表达我们相信孩子是可以克服一些问题的。我们也确实看到了很多有严重情绪和行为问题的孩子得到了改善，并过上了更加积极和成功的生活。我们希望你知道——一切都有希望。我们亲眼见证了很多次。

我们写这本书的核心目的是希望我们的子孙后代能成长在一个我们期待的世界。我们不希望孩子每天都处在高压和充满毒素的环境中，也不希望因为孩子有严重的行为问题，那么多家庭陷入崩溃。生活充满了挑战，但生活也应充满意义、乐趣和欢声笑语。我们真诚地希望这本书能让越来越多的家庭拥有更加稳定平和的家庭氛围。

第一部分

重新看待孩子的
情绪问题

第一章

生活在地狱：家有情绪不稳定孩子的现状

"没有任何一份荣耀值得流血牺牲。"

——德怀特·戴维·艾森豪威尔，美国第 34 任总统

不得不说，当你打开这本书，说明你很可能与这些父母多少有着相似的经历。

一位妈妈，在经历一整天的忙碌后，下班回到家已是筋疲力尽。她很想停下来休息片刻，但她还是在到家后，花一个小时为儿子精心准备了晚餐。当她把饭菜端到孩子面前时，孩子却抓起盘子，扔向了墙壁。不仅盘子碎了一地，这顿精心准备的晚餐也被毁掉了。孩子还在不停地大声叫嚷："我不吃！我就是不想吃！"就这样，孩子又闹了一个小时。

在另外一个家庭里，一位爸爸连哄带骗，用尽浑身解数劝说儿子做作业。终于，孩子安静下来做了两个小时作业。可一不小心，孩子在作业本上画了一条黑线。一气之下，他把整本作业都撕了，并说再也不要做作业了，还钻到桌子底下悲伤地哭了一整晚。

接下来是一对夫妻遇到的难题。他们想劝女儿乖乖刷牙，但女儿却非常愤怒，而且奋力反抗，夫妻俩只得按住她给她刷牙。孩子不停地乱咬乱踢，大喊大叫。这样的情况，也遭到邻居们的屡次投诉。如果再这样吵闹，夫妻俩很有可能被驱逐出公寓。在这种旁人根本无法想象的重压之下，他们实在是走投无路，极度焦虑。

对夫妻俩来说，陪女儿就寝的过程同样难熬。哄女儿上床睡觉成了一场"情绪消耗战"。即便是上床了，她也会喊叫着跑下床，不停地敲打房门。一晚上，她要折腾两三次，而且每次都大声叫嚷，家里其他人也因此休息不好，其他孩子没法完成课业，夫妻俩在工作时也提不起精神，经常出差错。两人的上司希望他们不要把家里的问题带到工作中来，但他们还是无法对孩子的状况置之不理。

同样煎熬的一天又开始了。叫孩子们起床、吃早饭、刷牙、准备上学——这样的早晨仿佛一场恶战。紧接着，吵闹哭喊、乱咬乱踢，如约而至。孩子们尖叫着："不想上学！我不想去上学！"夫妻俩每天最恐惧的便是接到学校打来的电话，通知他们孩子这次又犯了什么错。

他们也尝试给孩子们报名参加一些课外活动、青少年团体和学生营，但无论什么活动或者组织，他们的孩子最后都会被劝退，无一例外。

还有另外一对夫妻，每次开车带孩子去看医生，都会和孩子发生争吵。由于孩子经常在车后座大声尖叫，夫妻俩甚至为此还患上了偏头痛。一到诊所，孩子就紧紧抓着车上所有能抓的东西，不愿下车；每次夫妻两人都要生拉硬拽，才能把孩子带进诊室。

一个小时候进行过如厕训练的孩子，9 岁了却仍不能独自完成大小便。虽然他的父母觉得孩子做得越来越好，但实际上，孩子的行为能力已经退化到幼儿了。

在另一个家庭中，父母也是备受煎熬，他们 7 岁的孩子反复说着："我想杀了我自己。"青少年或成年人可能会有自杀倾向，但让他们意外的是，年纪这么小的孩子居然会说出这样的话，而且还如此认真。有时孩子还会对他们说："我恨你们！"这样的话简直伤透了他们的心。虽然不管多难过，父母都会在孩子面前强装镇定，但一回到房间，眼泪就再也忍不住。他们反复问自己：人生为什么如此艰难？我们怎么会陷入如此境地？

在另外一个小镇上，有位老师被一个学生的举动给吓坏了。就在几天前，这个学生因为心情不好，便抄起椅子，从窗口扔了出去。同学们都吓坏了，老师也不知该如何是好。

每当父母在社交场合提起这些情况时，身边的人总是会说，"让孩子减少看电子屏幕的时间就好了""少吃点糖果吧"，或者是"再好好管一管"。他们认为这样做，孩子的问题就能轻而易举地解决了。其实，父母们早已多次尝试过这些方法了，但是根本起不到任何作用。

后来，父母越来越不愿带孩子出门了，因为他们不想在孩子大发脾气的时候，被人看到自己崩溃的样子。他们也不愿再邀请朋友来家里，因为担心孩子会发生这样或那样的情况。可如果把孩子留在家里，孩子会闹得更凶，他们会觉得自己被父母关起来了。

最后，父母们基本上都选择了网上购物，选择尽量少出门。不再联络家人和朋友，对方也不再前来拜访。缺乏联系也就意味着亲情、友情的终结。其实，父母多么渴望能给自己放个假，但度假又会带来无尽的争吵，还不如待在家里来得轻松。最终，这些问题耗光了所有人的耐心，无论是家人、老师，还是其他照顾孩子的人。

相信许多家长都尝试过各种方法，如目标激励法、正念疗法、"计时隔离法"以及其他奖励法等等。这些方法对一般的孩子可能适用，但若是遇到前文中提到的那些孩子，则起不到任何作用。

你可能认为有些故事只是极端现象，现实生活中很少遇到；而有些故事只是常见现象，不用小题大做。令人难过的是，这些故事不是来自恐怖电影，对很多家庭来说，这些事情每天都在发生。不断的争吵总是让人筋疲力尽、心力交瘁。

😊 小结

本书旨在关注儿童情绪和行为问题的根本原因，并将介绍大量不同的应对策略。虽然我们不一定了解每一个孩子，但在这本书中你一定能找到对你有用的方法，或得到能帮你明确方向的信息。我们见证了很多前文类似的故事，相信在正常的帮助和支持下，这些问题是可以得到改善或彻底解决的。

孩子眼中的世界

"你永远不可能真正了解一个人，除非你从他的角度去了解问题，除非你钻进他的皮肤里，像他一样走来走去。"

—— 哈珀·李，《杀死一只知更鸟》

暴怒、崩溃、不尊重他人…… 以成年人的眼光审视时，儿童行为问题似乎很令人费解。但当我们停下来，往后退一步，从孩子的角度去理解这些行为，就会看到一个完全不同的世界。

最近我们遇到这样一个家庭：一个 7 岁的男孩，在家人看来他很淘气，也很叛逆。有一天，他到厨房拿起一把锋利的刀跑到车库，然后不停地在车胎上扎洞。虽然他只有 7 岁，力气也不大，但他的"坚持"也足以把四个轮胎都扎坏了。为此，他的父母需要花费 600 美元来更换新的轮胎，对这个低收入家庭来说，这是一笔不小的开支。父母不但责骂了孩子，还打了他一巴掌。但自始至终，他们都没有问他为什么会去扎车胎。

可能有人会说："就这样的行为，还需要问原因吗？"从表面上看，孩子拿起厨房的刀，基本就意味着他可能有犯罪倾向，或者是患上了某种精神疾病。但最后，当家人问起这事时，他们却得到了不同的答案：原来在几个月前，家里有一位朋友在一场车祸中丧生，所以他觉得把车胎扎坏就能挽救家人的生命。孩子扎车胎实际是想要保护自己的家人，不想让家人离开自己，但他不明白这种致命的车祸并不常见，所以虽然他做了一件坏事，但他其实是想做好事。

读心几乎不利于一切关系

在婚姻和恋爱关系中，伴侣双方总是试图读懂对方的想法，即我们所说的读心。但是，所有的婚姻治疗师都会告诉你，读心可能是导致夫妻分开的主要原因之一。不仅如此，读心几乎不利于一切关系，比如亲子关系、师生关系或孩子之间的关系。因为在试图读懂对方的心思时，我们常常容易把人往坏处去想，事情会因此变得越来越糟糕。

比如，一个人突然猛地关上了门，另一个人可能会认为："这个人肯定是讨厌我，或者是他这么做肯定是故意气我。"但也许只是恰巧吹来一阵风，把门给重重带上了。

因此，关系咨询师通常不建议你揣测他人意图，而是鼓励你直接询问对方行为的动因。

回到儿童的情绪和行为问题，我们同样需要冷静下来想一想：情绪和行为问题可能是由什么原因导致的呢？下面几个故事足以说明，行为本身就是一种沟通方式。

有一对夫妇，每晚都想尽一切办法让女儿刷牙，但女儿总是大喊大叫地拒绝，这对夫妇最终不得不按住女儿，强行让她把牙刷完。强迫女儿一次就够糟糕了，更何况这对夫妇每晚都是如此。

一天，爸爸问女儿："你为什么不喜欢刷牙？"女儿回答道："我觉得刷牙的时候牙齿会掉出来。"在那一刻，这对夫妇才恍然大悟。女儿不想刷牙只是想要保护自己。这对夫妇非常爱自己的女儿，不想让任何不好的事情发生在她身上，让女儿刷牙是为了保护她的口腔健康，但孩子却不这么想。她觉得父母强迫她刷牙是在伤害她，所以她才会大声喊叫。

有的孩子不喜欢刷牙，有的孩子不喜欢洗澡。有个孩子，他原本很喜欢洗澡，但从某一天开始，就突然不肯洗澡了，每次因为洗澡这事，父母都要和他抗争一番。后来父母问他为什么不肯洗澡，原来是因为父亲的一句玩笑话。有一回，父亲拔掉了浴缸塞，对孩子说："你最好小心点儿，别被吸进下水道里。"成年人当然知道，一个孩子连下水道都钻不进去，怎么可能会被吸进去，但孩子对世界的认知并不完整，他根本不知道父亲是在开玩笑。所以他认为，只要洗澡，自己就可能被吸进下水道。这也是他抗拒洗澡的原因。

熊猫无聊艺术博客网站（www.boredpanda.com）[1]上曾有一篇博客，讲述了一个"麦片"与"连环杀手"的故事。一个原本很喜欢吃麦片的孩子，突然从某一天开始就不吃麦片了。几年之后，她才说出自己之所以害怕吃麦片，是因为那时候在收音机上听到过一则"连环杀手仍逍遥法外"的新闻。在英文中"cereal"（麦片）与"serial"（连续）同音，女孩那时候又小，就把两个词搞混了，听成了"麦片杀手"，所以从那之后她就再也不吃麦片了。

在这几个故事里，因为父母的询问，孩子最后都说出了自己行为背后的原因，但不是所有的孩子都能表达清楚，而且有的孩子根本不了解自己为什么不高兴。因此，他们会用身体向外界展示自己的情绪。

孩子对恐惧和危险的感知

在面对儿童行为问题时，我们需要试着去理解孩子们的表达。孩子的情绪问题，往往是由恐惧引发的。

儿童出现行为问题的原因，有时是因为他们总是紧张、恐惧、不知所措。通常情况下，孩子的恐惧不只针对某一件事

1　熊猫无聊艺术博客网站是美国的一个艺术博客网站，专门展示世界上最有创意的艺术作品。——编者注

情，他们的恐惧无处不在。他们害怕刷牙、害怕去学校或商店、害怕与陌生人待在一起、害怕学习一门新课程……总之，一切对他们来说都如此艰难。

另外，孩子感知世界的方式与成年人也有很大的不同。

在 298 青年健康中心工作时，我们会在针对每个人的初始评估中问到这个问题："你的生活中是否发生过任何重大事件，可能致使你产生了现在的感受？"许多人在回答时都提到，儿时住院的经历给自己带来了创伤。

成年人眼中的现代医院是一个安全、有爱、贴心的地方，但许多孩子对医院充满了恐惧感。在调查中，我们也惊讶地发现，许多人认为住院是创伤事件。从孩子的角度来看，其实很容易理解——住院不但会与父母分开，还要身处一个充满各种机器噪音的陌生环境，的确令人不安。

儿童眼中的另一个"危险"之地则是床。成年人普遍对床有较强的安全感，但孩子恰恰相反。许多孩子不愿意睡觉，是因为害怕床底下有怪物、衣柜里藏着什么东西，或是晚上会发生什么恐怖的事情，所以他们认为睡觉是十分恐怖的一件事。而且过去我们认为只有小朋友才会害怕睡觉，但现在我们发现年龄大一些的孩子、青少年以及某些成年人也会害怕。

孩子在表达方面的局限性

理解孩子，就要了解孩子的大脑尚未发育成熟，他们很难谈论或弄清自己的感受。

当孩子出现尖叫、发脾气、乱咬乱踢、弄坏物品、试图逃跑、表达恨意，甚至想要自杀等行为时，成年人总是轻易下结论，认为孩子满怀恶意。但通过一些故事，我们现在明白了，以上言行往往不是孩子淘气。相反，是因为他们恐惧、烦恼并且不知所措。我们需要清楚一点，此刻的孩子正处于不安（甚至恐惧）的心理状态中。

孩子倾向于通过发脾气或表现出"行为问题"的方式与家长沟通。实际上他们是在说："我很害怕，我不开心，我不知道为什么会这样。"电脑没反应的时候，你就没想过砸烂它吗？这是成年人希望但又无法与电脑交流的时候常常会有的冲动。孩子们在苦恼的时候也会冒出类似的破坏性冲动。

那个因为怕被吸进下水道而不愿洗澡的孩子，他大喊大叫是试图让父母了解"我不想洗澡，我很害怕，我感觉洗澡是件很危险的事情"。这是孩子与成人交流的暗语。但问题是，成年人总是不懂这些暗语。比如，如果孩子不想洗澡，家长会把这个行为错误地解读成孩子是在试探自己的底线，并向自己证明他的态度比自己还要强硬；还有父母认为，孩子是故意给自己制造麻烦或者觉得孩子想要操控自己。

想象一下你去看医生，然后告诉他你的后背很痛。医生轻触你的背部，你痛苦地喊："不能碰，太痛了！"医生不但没有停下，反而越来越使劲儿。你哭着说："别碰！"结果他们让你越来越痛，因为他们认为"别碰"的意思是"用力"。

同样的道理，当成年人不懂孩子们的语言时，就会发生这种糟糕的情况。而体罚会使情况变得更糟，家长需要做的是帮助孩子克服困难。

没脾气是好孩子，发脾气就是坏孩子？

我们经常用"好孩子"和"坏孩子"来定义孩子。"好孩子"会听大人的话，安静刷牙，乖乖睡觉，在学校认真听讲。他们不会大叫，不会乱发脾气，更不会动辄就拳打脚踢。

"坏孩子"则恰恰相反，他们动不动就发脾气，不喜欢刷牙，不好好睡觉，有强烈的攻击性和破坏性，时常制造麻烦和混乱。

好孩子和坏孩子的标准似乎就是捣不捣乱，脾气好不好，能不能安静地坐着。但是我们建议家长改变看待孩子的方式，不要用简单的"好"与"坏"来评价孩子，而是试着去察觉他们的内心感受，比如他们是平静的、安稳的、放松的，还是烦恼的、担忧的、恐惧的。

你可能会问，难道孩子就没有故意淘气的吗？当然不是！但真正淘气的孩子与前文中我们讨论的情况不同。比如，一个孩子故意在屋子墙上乱画，而以他的年龄来说，他很清楚自己在做什么，也很清楚自己不应该这么做，这种孩子就是单纯地淘气，我们需要给他规范引导。而如果孩子是处于某个年龄

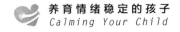
段，而他的行为也是这个年龄段的正常行为，我们则要改变看待孩子的方式。

☺ **小结**

　　成年人与儿童在看待世界的方式上存在巨大差异。成年人应多站在孩子们的角度，去看看他们眼中的那个完全不同的世界。面对孩子表现出的行为问题，我们不能想当然地认为他们只是太淘气，而是必须花时间去思考他们行为背后的真正原因。

　　幸运的是，如果我们了解了个中缘由，就可以采取相应措施预防并解决这些问题。

了解儿童发展

"孩子不是有待塑型的模具，而是有待启发的人。"

—— 杰斯·莱尔，心理学家

假设你听说了一本关于如何获得成功人生的畅销书，所有人都在谈论它，于是你跑去书店买了一本。根据书上的说法，你不成功是因为每天花在走路上的时间太长，于是它给你提供了一个方案：如果快速拍打手臂，你就能够飞行！虽然将信将疑，你还是选择试一试。你努力地不停拍打手臂，可就是无法飞起来。这时，你可能觉得自己是个彻头彻尾的失败者，因为按照书上的方案，自己怎么也没法走向成功。这时，有人可能会问："人类拍打手臂真的就能飞行吗？"不，当然不可能，人类的手臂设计就不是用来飞行的。

很多育儿专家给父母提建议也是如此。很多书都是假定儿童与成人一样，能够控制和调整自己。在这样的假定下，意味着这些书不但无法提供有用的建议，还会让家长、老师和孩子感到更加挫败。所以，要有效地提供建议，我们需要先分清成人与儿童大脑之间的差异。

我们查阅了大量有关行为管理的书籍和网站，发现鲜有人提到儿童发展。我们还使用 N-gram 语言模型（谷歌公开工具）统计了 1920～2019 年英语出版物中"儿童发展"一词的出现频率。从数据来看，"儿童发展"一词的词频最初呈不断上升的趋势，但从 1970 年开始便显著下降。

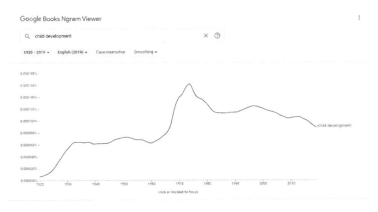

1920～2019年间"儿童发展"一词在英语出版物中的出现频率

成年人往往容易忽略一点，那就是儿童的大脑与成人的有所不同。人类大脑发育成熟可能需要 25 年（甚至 30 年）的时间。我们似乎生活在一个无所不能的世界里："只要你想，你就能做到任何事。""你唯一的限制就是你自己。"这些流行语非常励志，却忽略了一件小事：这个世界还有一种叫"生物学"的东西。

生物学包括了大脑。与成年人发展完备的大脑相比，儿童的大脑尚不具备那么多的功能。在讨论儿童发展时，如果忽略了生物学，那么很容易将儿童行为问题"过度诊断"为注意缺陷多动障碍（Attention Deficit Hyperactivity Disorder，简称ADHD，又称多动症），这是一种指自我约束力及控制力较差的病症。哈佛大学的一个研究小组，曾经对一个班"哪些孩子最有可能被诊断为多动症"的问题展开了研究，结果发现，年龄最小的孩子最可能被诊断为多动症。研究人员并未轻易给出原因，但如果期望班里年龄最小的孩子和年龄最大的孩子行为一致，并不是一件容易的事。哪怕只是相差几个月，其大脑发育程度也有差别。不顾大脑发育程度，就期待孩子去做他们做不到的事情，其实是有风险的。

儿童的大脑是如何发育的

婴儿刚出生时就会啼哭和喊叫，但几乎没有自控能力，因为他们仅能使用脑部最基础的部分——鳄鱼脑或脑干。他们除了哭，其他的基本什么都不会，也不能与他人进行复杂对话。随着发育的不断进行，大脑各结构不断联结，他们能够进行复杂的活动了，但这也不是一蹴而就的，一个人的大脑发育的整个过程可能需要 25 ～ 30 年。而负责自控与决策的前额叶皮质是人类大脑最后发育的部分，幼儿的前额叶皮质还处在发育中，因此他们比成人更难控制自己的情绪和行为。可惜的是，很多时候我们都会忽略儿童大脑发育的这一因素，对孩子的一些"失控"行为进行惩罚，但其实孩子可能并未做错什么，只是大脑的发育限制了他们的能力。

有关儿童发育的书籍通常都是以年龄来划分儿童的发育阶段，每个年龄段都有一个发育标准。比如孩子在 2 ～ 3 岁之间如何如何，3 ～ 5 岁之间如何如何，但要注意的是这仅仅描述了一个普遍的情况，每个孩子的发育速度和发育状况都会存在很大差异。坐在同一间教室里的孩子，虽然都是 5 岁，但有些孩子的情商可能已经达到了 7 岁孩子的水平，有些则只具备 3 岁孩子的情商。

有时候我们会觉得，比一般孩子发育迟缓就是不正常的。但实际上，发育晚的人最终都会迎头赶上，并且表现出色。爱因斯坦就是个例子，他小时候比很多孩子说话都晚，但这说明不了任何问题。

接下来的内容将有助于思考儿童的发育。为避免误导，本书不以年龄来划分发育阶段。万一孩子在某个年龄阶段没有出现相应的变化，家长可能会担心孩子发育不正常，但其实这只是儿童发育中的正常情况。

儿童发育常见现象

1. 发育不平衡

通常来讲，儿童并非是在同一个年龄段完成这个阶段的所有发育过程。例如，7 岁大的孩子可能都有着同样的运动、计算与情绪管理能力，可是有些孩子却是在不同年龄段具备其中一些能力的。因此，一个 7 岁的孩子很可能同时拥有 7 岁孩子的计算水平、10 岁孩子的情商和 4 岁孩子的运动能力，这都是很正常的。

2. 自控力不完全

成年人在开车时，如果遇到有人违规并线，可能在那一瞬间想大骂那个司机或者想撞上去，但即便这样想，我们也很少会真的这么做。因为这个时候，大脑会有一个复杂的思考过程。有个声音会说："我真的很想骂他。"但还有另一个声音会说："别这样，不要骂人，骂人是不对的。"这是因为大脑负责自控的前额叶皮质开始工作，理性占了上风，情绪得以控制。而前额叶皮质需要到成年阶段才能发育成熟，这就解释了为什么儿童比成年人更容易发脾气。

孩子不开心时，由于大脑还不能像成年人一样正常运行，所以更容易感到不安。可能只是饮料杯的颜色不是他们最喜欢的，就足以让他们大发脾气。孩子每周发一两次脾气是很普遍的事情。许多父母认为，孩子常发脾气、与家长争辩或者只考虑他们自己，这些都是严重的行为问题，但实际上，这都是正常的儿童行为，是儿童发育的正常过程，而这一切都是因为他们的前额叶皮质尚未发育成熟。

另外，有些情形也会减缓大脑各部分之间的联结（特别是与大脑皮层的联结），比如成长过程中遭受暴力等，但有些情形会加快大脑各部分联结，比如在一个安全、有爱的环境中成长，对环境有归属感，愿意参与其中，愿意为之付出，同时自身还具有适当的独立性。

3. 不能思考的小脑瓜

前额叶皮质未完全发育的另一个表现是，许多孩子需要靠大声说话来解决问题。有时成年人会觉得孩子大声说话是要故意激怒自己，实际上这只是因为孩子正处在这样一个发育阶段。

儿童发育行为专家查尔斯·费尼霍教授研究发现，因为幼儿难以在大脑中进行独立思考，所以常常需要靠说出来解决问题。比如，成年人可以在大脑中进行简单的数学计算，而儿童计算的时候大多需要大声念出数字。他们这样做不是故意要影响别人，只是需要通过发出声音来进行思考，从而解决问题。

4. 时间概念不完善

对孩子来说，很难理解的另一个概念是时间。成年人能够回顾过去，展望未来。未来可以让人充满希望，今天我们经历的每一种痛苦，在未来都会慢慢消失。

对成年人来说，知道未来不久就会到来，但孩子看待世界的方式却与我们不同。苏住在孙女隔壁，有一天她对 2 岁的孙女说："我走啦，明天见。"孙女听罢立马哭了起来。对于"明天"，她完全没有概念，只知道奶奶现在就要离开了。

再比如，家长跟孩子说让他 5 分钟后再过来，但他有可能 10 秒钟后就来了，家长可能会因此而生气，但其实孩子并不知道 5 分钟有多长。我们可以给孩子准备一个定时器，来培养他们的时间概念。

从孩子对"死亡"的理解也能看出，他们对时间毫无概念。葬礼过后，孩子可能会问："这个人什么时候才能从土里出来？"同样，他们可能也无法理解什么是永恒。

理解时间概念有助于理解大脑发育。尤其是在对孩子进行奖励和惩罚时，这一点十分重要。假设你对孩子说"下周你可以得到奖励"，但孩子对"一周"的时间没有概念，他们的大脑无法理解这句话，因而奖励对他们来说没有激励作用。

重要的是，尽量不要给孩子布置那种需要对未来有复杂理解的任务。许多案例都做过类似的尝试，让孩子去想象困难是会过去的，美好的未来即将到来，试图通过这种想象让孩子学会调节自己的情绪。有的孩子能够做到，但对于年幼的孩子来说，这样的任务已经超出他们当前大脑发育阶段所具有的处理问题能力。

其实，不仅仅是孩子理解时间概念很吃力，许多成人也有同样的问题。比如，我们写好了一份清单，列出了周六早上要做的十件事。本以为自己可以在午饭前轻松完成，但可能三个星期过去了，我们还在做着第四件事。时间管理是孩子们需要培养的一个重要能力，它有助于厘清每个事项所需的时间，但只有大脑各部分联结发育完成后才能开始培养。

5. 以自我为中心的世界观

儿童是以自我为中心来观察世界的，比起他人，他们更关心自己。只有大脑发育到一定程度的人，才具备理解和共情他人的能力。对成年人来说，共情他人是一件平常的事情，但对处于发育中的孩子来说，未免有些强人所难了。

孩子觉得自己是世界的中心，一旦父母吵架、分居或是离婚，他们会认为这是自己的问题，并因此而自责不已。他们会想："都是我的错，父母分开都是因为我。"但其实，父母离婚是各方面压力下的决定，问题并不在于孩子。有的孩子能了解这一点，但很多孩子想不明白，所以常把问题归咎于自己。

在查阅在线文章的过程中，我们惊讶地发现，像《如何判断你的孩子是否为自恋者？》这样的文章数量颇多。此类文章大多忽略了儿童的正常发育过程，将正常儿童行为视作自恋行为，严重破坏了家长与孩子之间的关系。认为孩子具有自恋倾向的家长，通常不愿再花时间与孩子待在一起；但如果家长能够认识到孩子正处于正常发育阶段，便会给予孩子更多的理解与耐心。

小孩子会以为每个人的想法都和自己一样。自己爱吃巧克力口味冰激凌，就会觉得所有人都爱吃巧克力口味冰激凌。等长大些，他就会逐渐明白，原来每个人喜欢的口味不尽相同，有人喜欢香草冰激凌，还有人喜欢草莓冰激凌。

当然，孩子也不是完全不替他人着想。他们会与他人分享玩具，其他小朋友难过的时候，他们也懂得上前安慰。但从他们的发育程度来说，还是很难做到完全理解他人的感受。因此，儿童并不是自私，他们只是处在正常的发展变化过程中。

6. 因果关系

孩子心情低落的时候，家长总是试图帮助孩子分析事情的起因和结果，但孩子大脑中负责理解因果关系的神经联结还未形成，过早地锻炼孩子这种处理因果关系的能力，会让孩子感到挫败。比如，孩子不高兴时，我们想让孩子把真正的原因说出来，可能会问孩子为什么不高兴，为什么要乱扔玩具，可孩子还无法完全理解"一件事会导致另一件事"这个逻辑，所以孩子可能压根儿都不知道为什么要扔玩具。

孩子突然大发脾气，成年人想知道为什么，会希望孩子能准确说出理由。当孩子说"我也不知道为什么会发脾气"时并不是在反抗家长，他们或许是真的不知道自己为什么会不高兴。

如果问孩子："怎么会这样呢？"你可能会幸运地发现，孩子也许能把发脾气之前不同事件的节点与自己的行为感受联系起来。在孩子叙述过程中，他们可能会意识到自己发脾气的原因，也可能没有任何印象。但不管怎样，这次讲出来之后，下一次就可能做得更好。

除此以外，孩子不高兴的理由可能不止一个，导致孩子发脾气的因素有很多，比如睡眠不足、交友困难、自由玩耍时间较少等。许多建议都提出要让孩子学会自我调节情绪，而想要意识到自己的情绪变化，需要较高程度的大脑发育，而大部分孩子并不具备自省的能力。

不同事件之间相隔时间较长，也会使孩子更加不容易找到事情的起因和结果。如果孩子是在下午发脾气，他们可能根本不会觉得这与睡眠有关，毕竟在他们看来，前一晚已经是很久之前的事情了。

调节功能不健全，往往也是影响孩子思考因果的一个因素。比如由空调、吊扇等机械物发出的噪声，这些声音像极了老虎的低吼声，由于调节功能不健全，孩子听到后会立即进入高度警惕状态。

因果关系其实非常复杂，成年人都不一定能够完全理解。就像一个人感觉头疼，有可能是因为喝水少，也有可能是因为睡眠差，要找到真正的原因并不容易。

7. 对声音敏感

人们的听力范围会随着年龄的增长而不断变化。一般来说，成年人可以听到的声音频率为 20 ～ 16000 赫兹，青少年和儿童则为 20 ～ 17500 赫兹。只看数字好像没有很大差别，但 1500 赫兹的差异其实很明显。这就如同牙医钻牙的声音令人反感，成年人可能会觉得还能应付，而儿童则需要药物镇静。因此，在成年人听来没什么的声音，孩子却会极度不喜欢。

8. 具象思维与抽象思维

儿童的思维方式主要以具象思维为主。具象思维以实物的形象为基本，实物指的是那些能够看得见摸得着的具体事物，如一辆玩具消防车、一个球、一件运动器材、一把吉他等。而在抽象思维中，思维对象始终是不可见的，如爱、遗憾、隐喻、创造力等。有人说："看不到就代表不存在。"这显然是错误的。我们看不到重力，也看不到风，但它们对我们的生活产生的影响显而易见。

比如，对"爱"这个概念的思考，具备抽象思维的成年人与孩子的理解截然不同。如果你问孩子们"什么是爱"，他们一般会回答得十分具体，比如"爱是有人愿意跟我分享玩具""爱是有人给我钱"等等。他们倾向于用实际、具体的方式来思考问题，而在成年人看来，"爱"则是包容，是大度，是相互理解。

对情感这样的抽象概念进行理解，也往往超出了孩子的能力。有些父母会试图让孩子去理解自己的情感，但这种建议远远超出了他们的能力。可能有些孩子的情商确实很高，他们能够将自己的感受准确地表达出来，不过这样的孩子只是例外。那么如何让孩子建立对于情感的理解呢？重要的是帮助他们学会如何表达和谈论自己的情感。随着大脑皮层的联结不断发育，这个方式可以使他们学会控制自己的情感。

在英语国家中，成年人会用"blue"这个词来形容"难过"。但在英语中，"blue"一词既可以表示"忧郁"，也可以表示"蓝色"。当孩子难过时，父母问："你会感到'blue'吗？"倾向于具象思维的孩子们会把这个问题理解成："你是蓝色的吗？"所以，如果用类似这样的词跟孩子交流，我们要特别注意不能给孩子带来困扰。如果想要更好地解释"难过"，我们需要给孩子提出一些具体的问题，比如可以这样问："你的冰激凌掉地上了，或者学校里没人愿意跟你玩儿，你会有什么感觉？"这些具体问题往往能让大部分孩子开始去理解这些抽象概念。

同样的道理，许多青少年和儿童数学不好，主要原因也是因为缺乏抽象思维。毕达哥拉斯定理 $a^2+b^2=c^2$，对孩子来说毫无意义。

我们可以直观地来看一下什么是毕达哥拉斯定理。如图所示，我们沿着一个直角三角形的三条边向外延伸来画出三个正方形。假设直角边 a 的长度为 3，另一个直角边 b 的长度为 4，那么以两个直角边画出的正方形的面积则为 3^2 和 4^2，即 9 和 16，两个面积相加为 25，即为斜边 c 对应正方形的面积也就是 5^2，c 边长度即为 5。

很多亚洲人更擅长数学的原因也是因为他们描述数学的方式更为具象。数字"21"在英语国家很难被解释清楚，但亚洲人会将"21"转换为2个"10"再加上1个"1"。除此以外，亚洲学校的数学教学模式也远比西方学校更加具体。

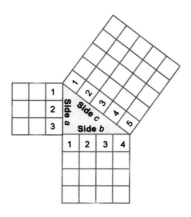

9. 情绪感知方式与理解力的不同

此外，每个人对情绪影响的感知方式都不相同。情感上受到伤害时，有些人表现为情绪上的伤感，有些人则表现为胃部不适，还有些人表现为头痛。另外，有的人并不会将情绪影响与身体的某一部位联系起来，而是用其他方式来表达自己的感受。由此看来，人们理解和表达情绪的方式存在巨大差异。

我们（两位作者）都曾遇到过这样的成年人，他们大多不了解自己的情感，被问到感觉如何时，他们总是说不知道。受过精神创伤的成年人最常遇到这个难题，这主要是因为他们的大脑联结不能正常运行。

让孩子如何把自己的情感与"颜色"联系起来？当成年人谈论颜色和情感时，孩子会频频点头，仿佛他们听懂了一样。研究发现，当孩子碰上无法理解的问题时，他们通常会认为，提出问题的成年人想要的仅仅是"答案"。当面对"黄色和红色，哪个更重些？"这样不合乎逻辑的问题时，成年人往往会意识到这个问题毫无道理，并反馈给提问的人。但孩子们不一样，即使他们没听懂问题，也会努力给出一个答案。他们可能会回答："嗯，太阳那么大，一定是黄色更重些。"有时候，当孩子们说不知道自己的感受时，成年人会觉得这些小孩儿是故意为难大人，或者是有意隐藏自己的情绪。观察并理解自己的感受，需要大脑联结发育得相当完善，如果孩子还没有发育到这一阶段，当然无法理解自身的情绪。

10. 象征意义

4岁以下的孩子很难理解象征意义。看过消防车图片的孩子，往往能够轻松地认出并说出"消防车"，但当看到一辆真正的消防车时，他们可能不知道这是什么。原因就在于孩子很难将书本中表示象征意义的图片与现实生活中的实物联系起来。

5岁以下的孩子也很难把情绪与代表情绪意义的事物联系起来。在迪士尼电影《头脑特工队》中，小女孩莱莉有一位小伙伴名叫"怒怒"，他通身红色，容易发火，代表莱莉的愤怒情绪。很多孩子都能够轻易地从这部电影的各种角色图片中认出"怒怒"，但如果让他们找出现实中谁在生气，那就有难度了。他们很难把图片形象与情绪联系起来，不光是小朋友，大一些的孩子也很难做到。

积极的一面

孩子似乎有很多"问题",但实际上他们有一点做得很好,那就是积极做出反应。多年来,迈克尔与各年龄阶段的人完成过很多团队建设任务。曾经有一个任务是给团队发放一些物品,并要求他们使用任意物品来保证掉落的鸡蛋不被摔碎。结果发现,儿童组的表现总是比成人组的表现更加出色。总体来看,孩子们会互相倾听,互相帮助,给予彼此鼓励与支持。

😊 **小结**

本章探讨了儿童与成人在能力和大脑发育方面存在的差异。因此认识到儿童的大脑仍处在发展阶段,与成人在能力和大脑发育方面存在差异,这对处理和应对孩子的"挑衅行为"至关重要。同时,理解儿童发育也有助于对缺乏自制力并且存在行为问题的孩子产生更多的情感共鸣。

第四章

持续的爱，是孩子情绪稳定的摇篮

"有爱，便有了生命。"

—— 莫罕达斯·卡拉姆昌德·甘地

　　本书会探讨许多让孩子情绪稳定的方法，但想要从源头杜绝孩子乱发脾气，则是要让孩子感受到真正的爱，让他们与亲人、老师和其他身边的人建立起强烈而稳定的依恋关系。

　　发展心理学有一个重要的理论是约翰·鲍尔比的依恋理论。该理论提出，如果从孩子出生起，父母就经常与孩子在一起，并给予孩子需要的心理安慰，那么孩子就会对父母产生依恋感。处在依恋关系下的孩子安全感更强，情绪更为稳定，也不容易产生恐惧心理与暴躁行为。

　　反之，如果孩子出生后，父母没有时常给予陪伴和安慰，那么孩子可能就会变得孤僻和焦虑。如果父母陪伴孩子的时候，时而用心，时而大意，那么孩子也可能会变得强势和易怒。

因此，养育情绪稳定的孩子，重要的是与孩子建立稳定的依恋关系，给予孩子爱。

实际上，对孩子来说，所谓取得人生成功的绝佳机遇，只是被人深爱。这个世界更加关注的是我们自己能够获得什么。爱，恰恰与此相反。爱的逻辑是：我能给予他人什么？怎么做能让他人开心？当然，爱意也应有边界，即便有人会越过边界，越走越远。但无论如何，我们都需要更多的爱。

爱是一种宽容，是接受人的不完美，尽管被伤害，但仍然还想去爱，比如孩子做了很多让人生气的事，但我们会选择依然爱他。爱会有所牺牲。刚下班的你，拖着疲惫的身躯回到家，可能你也想要休息一会儿，或是看看电视放松一下，但这时候孩子走过来问你："可以陪我玩个游戏吗？"因为爱，你会为了孩子，牺牲自己的欲望和需求。但是，为爱牺牲也需要边界。累到筋疲力尽的时候，无法帮助别人，我们可以跟孩子说出自己的感受，可以求助家里其他的抚养者。

斯蒂芬·特泽西亚克（Stephen Trzeciak）和安东尼·马扎雷利（Anthony Mazzarelli）在两人合著的《慈悲心》（*Compassionomics*）一书中指出，更具慈悲心的医生倦怠感更低，患者康复所需的时间更短。由此可见，社会各个领域都需要我们付出爱心。

电影《妙手情真》（*Patch Adams*）讲述了由演员罗宾·威廉

姆斯饰演的主人公派奇·亚当斯的故事，该片根据真实事件改编。作为一名"小丑医生"，喜剧表演是派奇·亚当斯生活中的重要部分，他用幽默给患者带去了欢乐，也带去了满满的爱意与关怀。他还成立了一家免费诊所，并经营了二十多年的时间。

诊所的医生会对初次就诊的患者先进行三到四个小时的初步评估，我们都了解医生的时间有多宝贵，从这一点就能看出派奇·亚当斯对患者充满爱心。

实际上，爱并不是一种感觉，而是一种选择的结果。是我们先选择了去爱，感觉才随之而来。

事实上，真正能够缓解焦虑和压力的良方是家人和朋友带来的快乐。而和孩子一起时，成人也能感受到快乐。当你真正快乐的时候，所有的压力与焦虑都会消失。

米哈里·契克森米哈赖著有畅销书《心流》（ *Flow: The Psychology of Optimal Experience* ），书中描述了人们专注于某件事情时是多么地投入和忘我。比方说，一位画家可能以为自己只用了 20 分钟就完成了绘画，但实际上却花了几个小时，因为他们在享受自己所做的事情时忘记了时间。

孩子最渴求的其实是快乐。繁重的学业以及自由时间的缺失，都会给孩子带来一定的危害。儿童，甚至是成年人的生活，都需要更多乐趣。

苏和迈克尔夫妇平日的工作非常忙碌，但两人还是会努力安排好生活中的娱乐时间。苏的家里有一大箱衣服，用来和孩子一起装扮时穿；迈克尔和妻子每年圣诞节前都会在房子上挂满装饰灯，希望孩子看到节日的灯光能够开心快乐。

由此来看，花越多的时间跟孩子玩耍，你会越快乐。

在大多数人看来，童年应充满乐趣，但这种乐趣会伴随成长戛然而止。这样的想法其实很糟糕，我们应该快乐到老。苏就是这样，到现在她还是和孙辈玩在一起，快乐让她保持身心健康。让我们试着想象有这样两个孩子，其中一个孩子和家人一起艺术创作、出门散步，度过了快乐的一天；另一个孩子整个周末都闷在家里做作业。你觉得哪个孩子情绪更稳定？答案肯定是那个玩得很开心的孩子。

表达对孩子的爱意不是要你给他们买多么昂贵的礼物，而是要花时间陪伴他们。关系的建立绝不是一朝一夕，每一个细微的举动都至关重要。比如，多陪孩子玩一会儿游戏，抑或是多给他们读一页书。除此以外，对孩子的爱还表现在记住他们说过的每一件"小事"，让他们觉得你是真的在倾听、在关心。总而言之，家庭，以及家人给予的爱是孩子情绪稳定的关键。

小结

这个世界更加关注的是我们能够获得什么，而爱，恰恰与此相反。爱的逻辑是：我能给予他人什么？怎么做能让他人开心？当然，爱也应有边界，即便有人会越过边界，越走越远。但无论如何，我们都需要更多的爱。

第五章

安抚行为缺位对孩子情绪的影响

除了爱和陪伴，安抚行为缺位对孩子的情绪也有影响。

在发展心理学中，有一个概念叫调适。它指的是当父母意识到孩子痛苦时，会对痛苦做出反应。一个能与孩子情绪同频的父母，会很好地回应孩子，安抚他，竭尽所能地舒缓他的心情。

情绪不稳定的孩子可能会突然大发脾气、大喊大叫、乱踢乱咬，也可能扔椅子、拆房子，甚至还可能会伤害他人。

面对此类行为时，我们通常会对孩子说："你冷静点。"然而，情绪不稳定的孩子，内心本身十分痛苦，神经系统处于极度兴奋状态，身体会大量释放肾上腺素和皮质醇。他们的行为受脑干控制，脑干是大脑最基本的组成部分。在这种状态下，语言对他们不起任何作用。因此，"冷静点"这样的话并不能让身体摆脱脑干的控制，恢复到平静状态。此时我们需要使用其他方法和技巧，诸如感官刺激或实体事物等，来安抚孩子的神经系统。抚慰能快速舒缓孩子的神经系统，而这是通过语言无法做到的。

遗憾的是，很多育儿观念已经忽视了这一有效方式。在过去，孩子去医院打针，医生会发一个棒棒糖来安抚他们，但因为怕吃糖对孩子不好，就取消了这个方法，而且没有找到其他可以替代棒棒糖的方法。但是，我们想想，为什么最初要给孩子棒棒糖呢？其实，给孩子棒棒糖的初衷就是一个安抚作用。当孩子难过的时候，需要一些东西来安抚自己，让自己不至于一直哭下去。

类似棒棒糖这样的例子还有很多。比如，一些孩子在忧虑或悲伤时习惯吮吸拇指或咬指甲，每当出现这样的情况时，父母通常会对孩子说："吮吸拇指是不对的，对牙齿不好，别再继续了。"道理是对的，但那是因为我们没有在意孩子出现这些行为的原因。我们总是制止孩子做这些自我安抚的行为，但却没有给他们提供其他可行的办法。孩子其实始终无法学会自我调节与自我安慰，当负面情绪不断累积而得不到舒缓时，就会导致一些极其危险的行为。

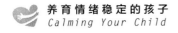
小结

　　现如今，孩子们很多的自我安抚行为都受到干涉，基本只剩下成年人的语言安抚。此时我们需要使用其他方法和技巧，诸如感官刺激或实体事物等，来安抚孩子的神经系统。在接下来的部分，我们将介绍一些缓解不安情绪的有用技巧。

Calming
Your Child
第二部分

缓解不安情绪的技巧

第六章

缓和强烈情绪的技巧

"'唯一的希望'这种说法总会让人很焦虑，因为这意味着，一旦'唯一的希望'破灭，一切都将不复存在。"

—— 雷蒙尼·史尼奇，《空白之书》（*The Blank Book*）

要缓解孩子的不安情绪，其实有很多有用的技巧。但是，孩子的不安情绪有时候比较温和，有时候会比较强烈，所以我们需要在不同的情况下使用不同的技巧。如果孩子处于暴怒状态，做出挑衅行为时，我们可以尝试使用下列技巧来缓和冲突。

正面表达

人类大脑可以天马行空地想象很多事物，但"不行""停下""不要"这些词却不会给大脑任何的想象空间。如果有人说："不要想粉色大象。"大多数人脑子里想的偏偏就是"粉色大象"，因为我们的大脑无法想象"不要"这个词。

每个父母都有过类似的经历，当你让孩子不要哭时，他一定会马上哭出来。当你对女儿说"不要在墙上画画"，她只能听到后半句"在墙上画画"，所以我们需要把对孩子的要求换成肯定的表达形式，比如说"去玩其他玩具"。肯定的正面表达会让孩子在情绪上接受你的引导，按照你说的去做，不容易出现对抗情绪。这就是为什么美国警察对嫌疑人一般都会说"待在车里"，而不是"不要下车"。

3R理论

精神病理学家布鲁斯·佩里提出过一种理论叫"3R理论"。该理论认为，解决孩子行为问题首先是调节情绪（Regulate），即安抚烦躁不安的孩子，让他们冷静下来；然后是与之建立联结（Relate）；最后再讲道理（Reason）。但遇到问题的时候，父母往往会反其道而行之：我们总是试图在孩子情绪激动的时候跟他们讲道理。（如果你能够保证你自己的情绪是稳定的，那可能也能帮助孩子调节好自己的情绪。）比如，我们会对孩子说："你再不听话，就一个星期别看电视。"这就是在试图谈条件。但当人处在痛苦的情绪中时，往往不会考虑长期性的后果。所以，和情绪沮丧的人讲道理是行不通的，结果就是大家的情绪会越来越糟糕。

试想一下，孩子没有按时睡觉，这时你对他说："你不睡觉，明天会很累。"（讲道理）结果基本上是：他仍无动于衷。

或者你试着和孩子谈条件："你再不睡觉，明天就吃不到冰激凌。"类似这样的话往往只会惹怒孩子，他会冲你发更大的脾气。在前面讲儿童的发育中我们提到，儿童对时间没什么概念。以上两种方式—— 劳累或吃不到冰激凌—— 涉及的时间距离对孩子来说都太长了，他们无法理解。

相反，你可以先跟孩子说："你想要我给你讲个故事吗？"许多孩子都喜欢听故事，听故事可以让他们静下心来（或者说让他们情绪稳定下来）。你可以先在客厅给孩子讲故事，讲十几页之后，在故事最关键的地方停下，然后和孩子说"我们去卧室继续讲"。

然后，和孩子建立联结。你可以这么和孩子沟通："我也知道准时睡觉挺困难的，因为有时候我也一样。"

与孩子建立联结之后，你就可以尝试跟他们讲讲道理了："你到底为什么不想睡觉呢？"举一些例子，往往可以得到你想要的答案，比如："你是觉得睡觉很无聊吗？""你是怕黑还是不喜欢床？""你是听到可怕的声响吗？"一旦孩子情绪稳定了，这些问题就能一一解决。

接受并理解孩子的感受

孩子认为自己惹了麻烦的时候，情绪常常会很不安，即便他们的行为也算不上什么惹麻烦。比如，当大人说："这是我最后一次警告你。"大人的意思通常是想说："我正在阻止你惹麻烦。"但孩子会觉得，大人之所以会说这样的话，肯定是"生自己的气了""我又失败了"，或者是"我什么都做不好"。一旦孩子这么想，他们的情绪往往会变得更糟糕。

对他们说"冷静一下"，并不能让他们真的冷静下来，反而会使他们的情绪变得更为激动。更糟糕的沟通方式是对孩子说："无缘无故的，你有什么不高兴的？"比较好的方式是告诉孩子："你没有闯祸。"听到这句话时，孩子才更有可能理解为：大人是在试图帮助自己。他就会打消顾虑，情绪才会更加平和。

接下来要做的是向孩子表达你接受并理解他们的感受。

所有孩子都希望大人能接受他们的情绪，所以如果看到孩子情绪明显沮丧或是愤怒，比较好的沟通方式是对他们说："你是有什么不顺心的事儿吗？跟我说说发生什么了，我很想听一听。"因为这些话说明我们在倾听他们的状况，表达的是"有我呢，我愿意帮助你"的意思。尤其是"跟我说说发生什么了"这句话，可以很好地让孩子控制住情绪，让他们解释情绪化的原因，有效安抚孩子的情绪。

如果你能用缓慢平和的声调说出这句话，也是缓和孩子情绪的好方法。

你越冷静，孩子也就会越冷静。即使你的内心感到焦虑不安，也要有意识地用缓慢、冷静的语气说话，因为这种说话方式本身就让人很放松和治愈。另外，与孩子平视也有助于缓解他们的不安情绪。居高临下的姿态往往会对孩子有一定的威胁性，让孩子感到不被接纳。坐下来与孩子保持平视交流则更能够安抚他们的情绪。

利用物理方法

安抚情绪不稳定的孩子，也可以利用一些物理方法，比如在某个空间里，让孩子离"出口"近一些。

极度焦虑的人进入一个房间时，他们首先要做的就是确认房间出口在哪里。如果出口很远，他们的肾上腺素和皮质醇水平就会升高，就有被困住的感觉。一旦哪里出错了，他们很可能就会大发雷霆。所以，当感觉被困的孩子感到不安和被激怒时，如果他们知道有个"出口"，结果就会很不一样。当然出口并非适合所有情况，比如出口对着的满是车辆的马路，那让孩子离出口近就不是什么好事。

另外，研究发现，焦虑或是受过创伤的孩子，需要的私人空间往往比其他人要大一些，专业术语称其为"近体空间"。

对于大多数人来说，大约 0.5 ～ 2 米的范围内算是比较舒服的
社交距离。如果是自己非常熟悉的人，这个范围则会缩小。而
焦虑症患者或经历过创伤的人需要更大的私人空间，差不多在
3 ～ 4 米之间。

所以，当孩子处于不安情绪中时，先确认下孩子需要的安
全距离。待孩子情绪平稳后，可以试着问：“我可以靠近些吗？
还是你希望我再远一些？”

令人惊讶的是，孩子往往会选择让你再远些。他们并非在
开玩笑，而是真切地希望你能离他远一些。如果孩子需要这样
的安全距离，我们尽量不要去打破它。

合理使用“安静一会儿”

Time-out 被称为“计时隔离法”，指当孩子出现不良行为
时，家长会要求孩子停下手中的事，一个人回房间冷静一会
儿。但这一惩罚方式存在两个弊端：第一，孩子通常并不理解
自己为什么要被隔离惩罚；第二，孩子被迫与家长分隔开，会
进一步破坏孩子和家长的关系。

与 Time-out 相对应的一种方式则是 Time-in，即“陪伴式
隔离法”，指父母面对孩子的哭闹，选择陪在孩子身边。这一
方法确实管用，但也会有一些特殊情况。比如，当孩子痛哭流
涕时，会感到窘迫羞愧，成年人在旁边可能会加重其羞耻感。
在这种情况下，让孩子自己冷静一会儿会更有帮助，但这是有

别于计时隔离惩罚的。

不要让孩子当众难堪

假如你是一名老师正在上课，这时有个孩子却在玩纸飞机，你肯定很想走过去，把那个孩子的纸飞机揉成一团，然后再训一顿。但是，如果你真的这么做了，便会让他当众难堪。人在感到丢脸时，往往会因为羞愧而脸红，交感神经系统被激活，整个人就像是被野兽追赶一样，瞬间进入战斗状态。

缓和强烈情绪技巧中最重要的一点，就是绝对不要当众让他们难堪，尤其是对具有攻击性的儿童来说。哪怕你觉得自己的行为并不至于让他们感觉太丢脸，但他们仍可能反应很激烈。因此，如果你看到孩子正在叠纸飞机，你最好对他说："太棒了，我小时候从来没玩过纸飞机。现在在上课，我们先收起纸飞机，下课后你得告诉我你是如何做到的。"这是对孩子的一种肯定。既肯定了他的动手能力，又向他表达了现在不是玩纸飞机的恰当时间。这样的处理方式，通常可以有效避免孩子情绪激化。

想一想，你是否还在做其他让孩子感到难堪的事情，比如一个孩子对拼写本来就没有自信，或者担心自己写字不好看，你还要求他来黑板上写字。这样做，不但不能激励他把字写好，还可能会触发他的对抗情绪。

如何安抚故意冒犯的孩子

有时候，孩子也会考验你。迈克尔几年前曾受邀到少管所发表演讲。演讲的前一周，一名狱警给迈克尔打来电话，提醒他说："你得做好准备，今天有一名演讲者是哭着离开我们这儿的。"当时，迈克尔心里一惊："好吧，为什么现在才告诉我这件事。"

虽然迈克尔没有畏缩，但也确实心感不安。进门时他有些担心，介绍自己说道："嗨，我叫迈克……"名字还没有说完，一个孩子随即打断他："对不起，我没有冒犯你的意思啊，但你不觉得你的声音很像《芝麻街》里的艾摩吗？"

当孩子们说"没有冒犯你的意思"时，通常是在说："我就是要冒犯你。"

迈克尔停顿了一下，回应说："谢谢，我一会儿再来模仿他。"这时如果他说："住口，你简直太不尊重人了。"或是用别的方式让那个年轻人难堪，那么他的演讲就很难继续进行下去了。

迈克尔不清楚一周前的那位演讲者为什么哭着离开，但他觉得很可能是因为她不知该如何应对这种冒犯的言论，情绪矛盾逐步升级，演讲也就只能结束。

如果担心孩子会利用那些让你感到尴尬的事情挑事，你最好自己先把它点出来。比如，以迈克尔的名字为例。他全名叫迈克尔·汉普斯特，"汉普斯特"在英文中与毒品大麻有关，意为"大麻籽"。那些爱挑事的孩子往往对这种事很清楚。于是，每当他介绍自己时，迈克尔总是开玩笑说："嗨，我叫迈克尔·汉普斯特。我一直梦想自己能够拥有一家航空公司，想成为理查德·布兰森[1]那样的人。我还打算把航空公司命名为'汉普斯特航空'，口号就叫作'汉普斯特航空，让你比任何人都嗨'。"

这个玩笑不仅博得了调皮孩子的好感，还成功化解了孩子可能出现的攻击性行为。因此，遇到可能会令自己难堪的事情，就先自己开个玩笑，这样孩子也就不能攻击你了。

小结

有应对策略是个好的开始，但它们可能并不适用于所有状况。接下来的章节将探讨如何使用感官来进一步缓解孩子的不安情绪。

---

1 理查德·布兰森，英国富有传奇色彩的亿万富翁，维珍集团创始人。——编者注

触觉安抚

"触觉先于视觉,也先于语言。它是第一语言,也是最后一种语言,而且它总是讲真话。"

——玛格丽特·阿特伍德,小说家和诗人

让人平静下来,最强大的感官之一便是触觉。在现代社会,我们常常大大低估了触觉对于安抚情绪的重要性。有研究发现,在肢体接触(如握手、拥抱等)越多的社会中,暴力事件发生率是越低的,肢体接触能够减轻人们的暴力冲动。而在心理动力学中有一种针对自闭症儿童的拥抱疗法,也是通过身体接触,让孩子与父母重新建立联结。

《触摸》(*Touching*)是一本出版于 20 世纪 70 年代的书,该书讲到在美国费城的一所孤儿院里,虽然孩子们都能吃饱穿暖，但因为缺少爱抚，孩子们往往很难活下去。孩子渴望拥抱，我们不能剥夺他们被拥抱的权利。

书中还谈到了肌肤接触的重要性。一直以来，关于母乳喂养是否对孩子更好的争论从未停止。几乎所有观点都在着重分析母乳的成分与质量，却忽略了最重要的一点，那就是母乳喂养时亲子之间的肌肤接触。

在介绍几种触觉安抚孩子的方法之前，我们先来看看大脑与触觉反应的关系。下面这张怪异的图片，叫作"皮质小人儿"。它是身体各部位的触觉所耗费脑力的一种象征。比如，人的双手在现实生活中很小，仅占整个身体的 2.29%，但大脑在处理双手的触感时，需要耗费很多脑力。因此，皮质小人儿的双手要比正常情况大 6 ～ 7 倍，这也意味着双手能成为一个巨大的安抚信息源。事实上，双手比整个躯干接收到的感官信息还要多。

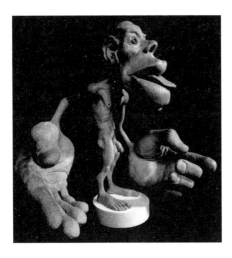

皮质小人儿（左），显示与正常人体比例（右）的脑力占比对比图

这也解释了一个很常见的问题。几乎每个人都被纸划伤过手指，尽管伤口很细小，但却会感觉很疼。从逻辑上很难理解："这么小的伤口，为什么会这么痛？"通常，一小片纸割伤手指的疼痛，要比身体其他部位受中度划伤痛感强得多，原因就是，你指尖处的末梢神经比身体其他任何部位都要多。皮质小人儿充分说明了脑力在这个小区域投入了多少。人们本身并不会对纸张划伤手指有太过强烈的反应，但如果是伤在十分敏感的区域，大脑就会放大受伤的疼痛感。

这些物品，容易让孩子安静下来

了解自身的生命机理，还是很有必要的。正如上一章所提到的，对处在情绪失控状态下的人说"冷静些"，根本起不到任何作用。相反，触觉却能够瞬间抵达大脑中处理愤怒的区域，并起到安抚的作用，双手（尤其是指尖）能够帮助我们迅速接收大量的触觉信息。基于这个原理，我们完全可以利用一些实物来安抚孩子的情绪，帮助孩子进行自我调节。

当然，知道如何使用这些物品很重要。比如，一块平滑的鹅卵石，如果孩子只是把它拿在手里，那可能确实不会有多大作用。但如果你教孩子缓缓地用手指抚摸它，并仔细体会手指的感觉，效果则完全不一样。抚摸速度越慢，往往越有效，孩子的情绪也越容易缓和下来。安抚愤怒与痛苦情绪需要时间，不可能瞬间起作用，所以需要慢慢地去触摸这些感官物品，给

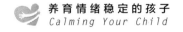
大脑足够的时间趋于平静。

记忆棉

推荐的第一种感官物品是由记忆棉做成的毛绒玩具。记忆棉的特性是当你按压之后，它会缓慢回弹。在孩子不开心的时候，可以把类似的玩具放在他手中让他捏几下。有些孩子可能会立马扔掉，但大多数孩子会被它吸引。看着记忆棉一点点回弹，能给孩子一个停下来的时机，可以缓解他们的愤怒和压力。对有些孩子来说，捏记忆棉材质的玩具很有治愈效果。

我们曾接待过一位母亲，她谈到女儿有严重的睡眠问题。经过交谈后，我们建议她给女儿买一个记忆棉材质的玩具。她女儿拿着这个玩具入睡后，每天都比平时要多睡一个小时！由于某些原因，普通的毛绒玩具似乎对一些孩子没什么效果。

布料

不同纹理的布料，也会有所帮助。几乎每个手工艺品店都能买到不同材质的布料。以那种凹凸不平的布料为例。如果孩子感觉苦恼不安，家长可以在口袋或是枕边放上一块，教孩子慢慢地触摸它、感受它，这样也有助于调节孩子的情绪。如果你觉得这个方法不错，也可

凹凸不平的布料

以带孩子到手工艺品店去选择一些他们喜欢的布料。

钥匙挂件

另外，还可以借助一些带有齿纹或凸起的金属钥匙。这里指的是用来装饰手账本的钥匙挂件。对有些孩子来说，用手慢慢感觉钥匙的纹路，尤其是那些凸起和齿纹，是有很好的疗愈效果的。注意：不适合 3 岁以下婴幼儿！

可触知的钥匙

流苏

流苏也能够帮助孩子安抚情绪。现在的儿童玩具大多是由光滑的塑料制成，缺乏可触知的信息，其实很多孩子都很喜欢玩带流苏的东西。

纽扣

纽扣也能给孩子带来好心情。那些较大些、表面有凸起的纽扣对孩子的情绪也有安抚作用，孩子慢慢触摸纽扣的边缘以及中间的那些小洞，触觉会使情绪得到很好的缓冲。注意：3 岁以下婴幼儿不适合！

可触知的纽扣

手指画

正如前文所说，指尖处的末梢神经十分密集，所以手指画也是一种安抚孩子情绪的好方法。用手指代替毛笔蘸墨作画，在绘画过程中，孩子不仅能让创意得到施展，双手也能够接收到大量的触觉信息。

魔方

三阶魔方或三角魔方这类玩具，也能帮助有些孩子舒缓情绪，集中注意力。

指尖陀螺

玩指尖陀螺也是安抚孩子情绪的一种方式。虽然有人觉得孩子玩指尖陀螺会分散注意力，但实际上，对很多孩子来说（尤其是患有多动症的孩子），指尖陀螺反而能够帮助他们更好地集中注意力。

其他感官安抚物品

蓝丁胶和橡皮泥也有一定的安抚效果。很多孩子都喜欢这些玩具，并且能用它们捏出各种各样的东西。

一块自己拾来的鹅卵石，或是家人送的一块柔软布料，哪怕仅仅是用手指慢慢地触摸它们，都可以使孩子的心情平静下来。

以上物品的好处是不会给周围环境带来噪声。还有些孩子觉得挤气泡膜也很解压，但如果是在课堂上，30 个学生同时挤气泡膜，可能就达不到舒缓解压的目的了。

另外，感官安抚物品还应容易获取。许多学校会在教室角落里设置安抚物品箱，但使用的前提是，孩子得能意识到自己正处于不安和愤怒的情绪中，还要记得教室角落的箱子中有这些物品，然后再走过去使用它。而对情绪正处在激动愤怒中的人来说，这些步骤太麻烦了。所以，我们建议直接把感官安抚物品放在孩子面前。比如，可以把它们直接放在孩子们的课桌上，这样孩子就不必想着角落处还有个箱子，毕竟在愤怒的时候，他们的确很难记得住。

安全问题

所有感官安抚物品都需要符合相对应的儿童年龄和发育阶段，这一点很重要，因为这类产品可能存在使儿童窒息的危险。强烈建议您认真考虑使用不同物品的后果及其可能产生的影响。

让孩子玩玩沙土吧

现在的孩子学习任务越来越重，接触自然的机会越来越少。出于安全和干净考虑，大多数家长都不会让孩子光脚跑，光脚去踩泥或沙子，尤其是在户外，更是时刻要求孩子穿好鞋子，但这种做法实质上是在剥夺孩子身上很多感官的体验。还有些孩子出去玩的时候，会把树皮、小石块之类的东西带回家，父母可能会觉得脏，或者认为孩子在捣乱，但其实孩子的手指滑过树皮、流水时，情绪能够很快平静下来。这也解释了为什么很多孩子玩沙能玩一整天，而且户外活动多的孩子往往情绪也更加平和。

所以，带孩子去田地里感受存在于手指和脚趾间的青草和泥土，玩玩沙玩玩土吧。我们要允许孩子用自己的感官去接触自然，而自然也会给予感官同样的治愈。

一块凉毛巾的镇定作用

许多胆小的孩子在害怕的时候，血管会收缩，这说明他们的身体在调节体温方面存在一定的问题。但同时，这也给我们带来一个重要的启发：除了感官安抚物品外，我们也可以通过温度来调节孩子的身体。

比如，孩子恐惧或紧张的时候，在他们的脖子或肩膀处放一个热敷包，就能起到很好的镇静和治愈作用。还有些孩子觉得皮肤接触冷水或者其他冰凉的东西有助于镇静。如果孩子容易焦虑不安，可以让他们尝试用冷水冲脸，或者是用凉毛巾敷脸。冷水接触到面部皮肤后，身体会直接给脑干发送安全信号，迅速帮助孩子镇静和调节情绪。

比起橡皮泥，有些孩子更喜欢玩史莱姆水晶泥，这也可能是因为水晶泥的温度要比彩泥更低，冰凉的触感更有助于调节孩子的情绪。

加重毯的妙用

用加重毯把自己包裹起来，能增加安全感，在缓解焦虑上也有一定的作用。很多孩子用过加重毯，效果确实很好。建议给儿童购买他们体重 10% 左右重量的加重毯，但要注意：在重量过重或者使用不当的情况下，加重毯存在窒息风险，因此须谨慎使用。

加重毛绒玩具与加重毯的概念类似，外观和普通毛绒玩具毫无区别，但通常它的体积比较大，添加了能够增重的填充物。这种玩具孩子可以抱着，也可以把它放在膝盖上。

现在市面上的毯子大多比较薄，但其实有的孩子很喜欢用涤纶填充的厚毯子，厚度在 10 ~ 15 厘米。在成年人看来，厚并不一定意味着更重或者更坚固，但孩子在厚毯子里会感觉更

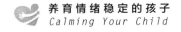
安全。

多一个拥抱，少一次哭闹

对孩子来说，最佳舒缓触觉的方式之一便是来自充满爱意的亲人的爱抚。很多研究都证明，给婴儿进行系统的抚触按摩，有利于婴儿的生长发育，增强免疫力，增进食物的消化和吸收，减少婴儿哭闹。

给孩子不同的选项

每个孩子都是独一无二的。如果有的孩子对你尝试的方式或技巧并不买账，那建议你不要再继续尝试这些方法了。有些孩子喜欢的方式，可能正是其他孩子讨厌的。史莱姆水晶泥就是这样的例子。有的孩子特别喜欢，玩水晶泥的过程能让他们感到平静和舒缓，但有些孩子特别不喜欢，越玩情绪会越紧张。

因此，最重要的是要了解究竟什么能够有效安抚孩子的情绪。在孩子情绪变激动时，你往他手里塞一个让他不高兴的东西，只会让情况更糟糕。可以在孩子平静的时候问他想不想拿些什么在手里，最好给他一些选项，比如不同材质的布料、流苏、树皮或者石头等，这样既能帮助你清晰地了解什么东西对他会有安抚效果，也能让孩子更快地知道自己的答案。

将理论付诸实践吧!

如果你有一个儿子和一个女儿,性格不同,平时喜欢的东西也不一样,你可以在他们情绪平和的时候让其试用一些感官安抚物品,然后去发现他们各自喜欢的安抚物品,比如儿子喜欢记忆棉玩具,女儿喜欢橡皮泥。

某一天,当儿子想要玩女儿正在玩的玩具,而且你发现他情绪上已经很不高兴了,这时你可以抓起一个记忆棉玩具,在他面前捏来捏去。蹲下来,与他平视,一边将记忆棉玩具放在他手中,一边冷静地问他发生了什么。

不必说"冷静些"或是"你们俩好好玩"这样的话,而是十分巧妙地让他去做一些事情来分散他的注意力,这样他的情绪会自动平静下来。当然,你也可以同时使用其他安抚情绪的技巧。

小结

本章针对触觉安抚提供了很多建议以及相关物品选择。但每个孩子都是与众不同的,所以我们需要多试验,看看孩子喜欢些什么,这样才能找到有效安抚孩子的物品。有些孩子因为存在发育进程问题,或是有自闭症,在感知能力上有些滞后。如果孩子很明显不喜欢这些物品,那就不要继续尝试。

第八章

视觉安抚

"每个人都有眼睛，但不是每个人看到的都是风景。"

——纳伦·纳金，作家

　　如今，纷繁复杂变化多端的信息，让孩子的情绪也不断地受到刺激。因此，想让他们静下来，首先就是屏蔽掉一些信息。

　　我们的同事凯瑟琳·利伯蒂曾就大地震对儿童的影响做过大量研究。她发现，很多经历过地震的孩子，在教室时情绪总是会处于过度激活状态。他们对教室墙上挂着的大量视觉刺激图片会感到很不舒服。有些人可能会质疑，这项研究的对象主要是地震频发地区的孩子，其结果不具有普遍性。但我们也遇到过那些并未经历过地震的孩子，他们对与地震相关的大量图片同样感觉过度刺激。从凯瑟琳的研究我们能够了解到，我们需要询问孩子们这些图片是否会太过强烈，这一点十分重要，有时拿走这些图片和物品会让孩子们感觉好很多。

过度曝光的视觉展示，对孩子的情绪会产生刺激作用。报纸上铺满图片，为的是视觉冲击效果，但过度冲击也会让人应接不暇，而如果整页报纸上大部分面积都是空白，只有中间几行字的广告，虽然会觉得浪费版面，但正是有了这些空白，你才能注意并阅读到那几行字的广告。有时候，留白的力量被严重低估了，其实它非常重要。安抚孩子情绪，也是同样的原理。所以，如果孩子的情绪很容易兴奋或愤怒，建议不要在孩子卧室的墙壁上挂那些让人亢奋的海报和图画，他们需要空白区域让自己保持平静。

同时，建议家长要控制孩子看电视和短视频的时间。二十世纪五六十年代的新闻片段场景变化往往都比较慢，从一幅图像切换到另一幅图像有一个缓冲。而现在的电视节目和短视频通常会使用极其快速的剪辑技术，图像快速切换会不断地刺激孩子的情绪。我们发现，经常看快节奏动画片或短视频的孩子，不仅情绪不够稳定，记忆力和自控力也更差。我们需要尽可能地去减少这些刺激，让孩子在大脑和情绪上都有一个缓冲。多陪伴孩子比让孩子看电视有益很多。

以下是一些通过视觉舒缓，对孩子情绪产生安抚作用的方式。

自然的安抚力量

理想情况下，孩子应该在大自然中成长。弗洛伦斯·威廉姆斯在《自然的修复》（*The Nature Fix*）一书中展示了数百项研究。这些研究都表明，亲近大自然能够让人内心宁静。大自然中的树木会分泌一种叫作"植物杀菌素"的化学物质，帮助我们缓解压力，同时也可以增强我们的免疫力。

2018 年的一项研究发现，费城的闲置建筑用地被改造为绿化空间后，持枪犯罪率降低了 9%，入室盗窃和破坏公共财产的犯罪率也均有下降！

一项关于自然疗法如何帮助创伤后应激障碍（Post-traumatic Stress Disorder，简称 PTSD）患者的研究评述也发现，接受自然疗法的创伤后应激障碍患者，他们的症状和生活质量都得到了明显改善。所以，多带孩子走进自然吧，经常在自然环境中的孩子不仅情绪更加健康，各项能力也更突出。

如果实在不具备接近大自然的条件，也可以挂一些与大自然有关的图片，如森林、海边、山水等自然风光，这些也都有很好的治疗与镇静作用。

在水边，人们也会感到平静和治愈。华莱士·尼古拉斯在《蓝色心灵》（*Blue Mind*）一书中用大量的研究阐述了水是如何让人平静下来的。人在压力大的时候，喜欢到海边、湖边或者河边坐一会儿，就是因为水也是可以解压的。如果可以的话，建议带情绪低落的孩子去水边转转，会有非常好的舒缓效果。当然，一定要确保在水边游玩的安全性。

有些学校和家庭会摆放水族箱。看着鱼儿安静地在水中游来游去，几乎能让所有孩子为之痴迷。没有水族箱也没关系，可以让孩子养一条小鱼或者养一盆植物，这些都有安抚孩子情绪的作用。

蓝色的力量

人们通常会把水与蓝色联系在一起，事实上，蓝色确实能够使人感到平静和舒缓。华莱士·尼古拉斯在《蓝色心灵》一书中提出，蓝色本身就代表着静谧和安宁。

在蓝色系中，浅蓝色更具活力感，要比海军蓝或者忧郁的蓝灰色更好一些。研究发现，在自杀率高的地区设置蓝色照明灯，竟然会使自杀率降低 84%！给孩子的卧室粉刷成浅蓝色，也会都有一定的舒缓情绪作用。

分形的艺术

自然界有一种令人感叹的现象叫分形。它是指不断重复、不断缩小的某种形状。常见的分形现象就是树木——从主干开始分出树枝，树枝上又会分出大量的枝丫，如此往复。分形结构往往令人赏心悦目，让人内心平静。分形结构在自然界中随

处可见，但在钢筋混凝土筑起的城市里却
比较难得。这也解释了为什么我们在
城市社会中会比在大自然中更容易
感觉紧张和不安。

自然界中的分形

学生在杰克逊·波洛克的人工分形作品前

（图片来源：TLF Images）

很多人认为，杰克逊·波洛克的作品只是将颜料泼洒在画
布上，但艺术评论家坚持认为他的画是伟大杰作（曾经他有一
幅画作以 1.2 亿美元的价格售出！）。杰克逊·波洛克在世时，
分形的概念还不为人所知。直到近些年，才有人发现他的作品
符合分形法则！事实证明，这么多人喜欢他的画作，其中一个

原因就是画中蕴含的分形艺术能够使人平静下来。在孩子情绪不安时，尝试让他们去观察分形现象，在迅速减压的同时，还能达到内心的平静。

涂色的减压作用

市场有很多成人涂色书。这类书籍图案复杂，需要读者非常专注地完成。虽然这些图书的设计是面向成年人，但很多小朋友也非常喜欢，尤其是图案简单些的涂色书。另外，孩子在涂鸦，哪怕只是在纸上随意创作些并不精准的图形，也能安静下来。

借助艺术形式表达自己，本身也具有一种力量。艺术不仅是一种减压方式，它还有自身的价值和意义。

迈克尔曾在一所学校里遇到过一个话很少的孩子，所有人都以为这个孩子什么都不会。但有一天，老师讲课的时候谈到色彩和视觉方面的内容时，这个孩子立马活跃了起来，准确地回答出了老师的每一个提问。老师对此十分震惊，开始意识到这个孩子需要的是视觉性的教学方式。从此以后，这个孩子在学校的表现比之前好了很多。

家人照片

还有一种视觉安抚方式，就是在孩子的身边放张照片，照片可以是任何能够让他们感到平静的人。但这个方法可能没那么常用，因为有时候孩子看到照片时，会更加想念所爱之人，产生更大的压力。但对有些人来说，这个方法会非常有效。同样，我们需要不断尝试，去寻找适合你的孩子安抚方式。

将理论付诸实践吧！

假如，你的孩子需要去医院打针了。但上一次你带他去医院时，还没到地方他就哭得撕心裂肺，不但拳打脚踢，还在你拽他时咬了你的手。

这一次，试试视觉安抚法，一切都将不一样。如果打针的时间是下午4点半，那么下午3点放学以后，你可以先带他去海边、河边或者是小树林之类比较静谧的地方，陪他在大自然中畅行，还可以让他四处收集些小木棍和小石头，或者是光脚在河里玩耍。短短5分钟当然不够，建议让他在大自然中玩上一个小时，这样可以大大地缓解他的压力。之后再带孩子去医院，他的压力会小很多。尽管他还可能会感到不安，但比起上一次应该会好很多。

小结

　　这一章探讨的是如何利用视觉来安抚孩子的情绪。其中很多技巧不仅对成年人很有效，对安抚孩子的情绪也有很好的辅助作用。

听觉安抚

"音乐有一种魅力，它能抚慰粗野的胸怀、软化顽石，让千年老树弯腰。"

—— 威廉·康格里夫，剧作家

人在生气的时候，会失去理解某些话语的能力，比如"冷静些""安静下来"。尽管如此，我们依然可以利用声音来安抚那些焦虑或痛苦的人，很多声音都有让人感到治愈的效果。

音乐，是一种很棒的情绪舒缓工具

音乐是一种很好的听觉安抚工具。音乐能降低人的血压，分散人们对烦心事的注意力。在感到不安时，听些使人安静的音乐，可以消除愤怒，排解负面情绪。

音乐创作同样是一个很好的情绪发泄出口。加博尔·马泰医生在《散落的思想》（*Scattered Minds*）一书中分享过这样一个故事：学校要求他教授地图阅读课，但这门课的学生非常难教，许多老师尝试后都失败了。于是，在上课的第一天，他将所有能找到的乐器收集在一起，然后带孩子们来到工作室，让他们用一个小时的时间尽可能地制造噪声。唯一的规则是，在这里的每一个人都要参与。结果是，第二天他的课上得非常顺利。这其中就是因为经过了前一天的音乐刺激之后，这群孩子在情绪上得到释放，可以全心学习了。

对很多人来说，音乐是一种很棒的情绪输出。音乐创作就是这样，为了舒缓情绪，不应该有任何形式的评判，否则只会徒增压力，使其失去原本的价值。

听听大自然的声音

自然景物通过视觉效应让人平静，而自然界的声音同样也能通过听觉舒缓情绪，比如鲸鱼或鸟类的声音。经常让孩子听大自然的声音，对他们的情绪调节很有效。如果暂时无法去户外，在孩子情绪失控的时候，也可以从网络上搜索到与自然声音相近的音频，比如"8 小时鲸鱼声音"或"8 小时森林声音"等。另外，如果你想通过听这类音频来舒缓情绪的话，建议直接下载这些音频，因为在线视频的播放一定会被广告打断。让

孩子多听大自然的声音，有助于他们进行系统调节。

白噪声和粉红噪声

睡眠不好的孩子更容易被激怒。本书会有完整的一章内容讨论睡眠，但此处我们重点讨论跟睡眠有关的两种声音——白噪声和粉红噪声。所谓白噪声，是指声音的所有频率具有相同能量密度的随机噪声，比如风扇叶转动就是一种能量密度较为均衡的白噪声。有时候孩子说想要开着风扇睡觉，其实他们不是要吹风，而是想听扇叶转动的声音。网上有长达 8 小时的白噪声播放列表，对有些必须听白噪声才能入睡的人来说，可以试试这个方法。当然，有些安抚方式对有的人很有用，但对其他人来说可能完全无效，有人会感觉听白噪声更难让人入睡。

粉红噪声与白噪声相似，但它们的频率不同。所谓粉红噪声，是指功率密度与频段成反比的波谱信号或过程，每个倍波程的强度基本相等，比如车流声、瀑布声等。网上同样可以找到 8 小时的粉红噪声音频。科学家们发现，这些噪声对有的人是有助眠效果的。《时代》杂志上曾发表过一篇题为《粉红噪声能够改善睡眠质量，提高记忆力》的文章，并对此做出过很好的概述。如果你的孩子很难入睡，你可以试着在他们睡觉的时候播放白噪声和粉红噪声，以此来安抚他们的情绪。

正念

"正念"对缓解焦虑也是很有帮助的。

正念是冥想的一种方式，而正念练习大多会伴有让人轻松的音乐或声音。

一个比较简单的正念练习是缓慢地吸气和吐气。想象你的每一次吸气都伴随着身心的平静，而每一次吐气都将愤怒排出了你的身体。持续重复 10 ～ 15 次。人在吐气时，大脑会释放 GABA，即 γ - 氨基丁酸，它是人体分泌的一种能够放松神经的天然化学物质。这也是正念练习能有效缓解压力、调节情绪的原因。

在 298 青年健康中心有一个女孩，她只要想到上学就会非常焦虑，甚至严重到会不停地呕吐。后来，我们让她尝试了正念练习，几天后她便能够去上学了。

对有些人来说，正念有许多益处。它能够减轻压力，降低焦虑，使人们感到镇静和放松。但正念并非对每个人都有这样的效果。在尝试正念练习的人中，有些人会感觉不舒服，不仅没法平静，甚至还可能会更加愤怒或者出现类似创伤后应激障碍的症状。因此，如果正念练习让孩子感到痛苦，建议马上停止练习。

将理论付诸实践吧！

假期即将结束，孩子们就要开学了。而你家孩子非常不喜欢上学，在开学前他们总是会发脾气。这时，家长可以随手找一些乐器给他们玩，哪怕是玩具乐器也没关系。他们可以尽情"奏乐"，当然前提是别吵到邻居。同时，可以提前告诉他们，这只是为了好玩，没有人会点评他们乐器玩得好不好。让他们随便玩，只要能出声就行。

条条框框越少越好。这样做能分散他们的注意力，缓解他们开学前的紧张和忧虑。人一旦被焦虑裹挟，焦虑就会被无限放大，而注意力被分散后，焦虑感则会降低。

☺ **小结**

本章呈现了如何通过声音来安抚孩子，父母可以尝试去探索更多有助于调节孩子情绪的声音。

味觉安抚

"享受美食时的笑容最为灿烂。"

—— 爱尔兰谚语

从大脑皮质小人儿的图片中我们了解到，大脑的触觉感官功能与人体的身体部位的占比并不是完全对应。除了巨大的手掌，皮质小人儿还拥有又大又厚的嘴唇，这说明人的嘴唇和舌头也是获得感官信息的重要部位，所以通过味觉来安抚孩子的情绪也是很好的一种方式。

咀嚼的妙用

咀嚼可以让人放松。很多人在不吃东西的时候会感到焦虑，虽然本质上是因为人类天生拥有求生欲，需要食物来维持生命，但咀嚼和进食的动作其实可以通过味觉起到自我舒缓和镇静的作用。

不过许多人可能会反对这种方式，毕竟用食物安抚情绪导致的肥胖，已经把人吓到了。然而，我们建议不要完全否定进食这一舒缓方式。有些焦虑的人在感觉很热的时候，通常很难调节自己的体温，而一旦热到一定程度，他们就很容易产生愤怒情绪。这时候，含个冰块在嘴里可能会有帮助，冰块的凉爽能够缓解焦虑。舌头触碰冰冷的东西会减慢人们的呼吸，消除恐慌和痛苦的情绪。同时，它还有助于安抚过度活跃的脑干。成年人用的冰块对孩子来说有点大，可以买合适的模具自行制作些小冰块。

喝水也能缓解焦虑

凯瑟琳·利伯蒂发现，对于经历过大地震的孩子来说，在课桌上放几瓶冰水有助于缓解焦虑。人们焦虑时通常会感到口渴，这是因为身体的应激机制会导致唾液分泌量的降低。因此焦虑的人常常需要通过喝水来调节自己。

除此以外，凯瑟琳·利伯蒂还发现，学生们玩耍后回教室吃点零食也有助于管理情绪，控制各种行为问题。这可能是因为咀嚼行为在学生们玩耍活跃之后起到了安抚和调节的作用。

有时候在孩子伤心的时候，给他们吃上一颗棒棒糖，他们会立马开心起来。虽然这其中有部分原因是因为吃甜的东西，人体会分泌一定量的多巴胺和肾上腺素，而这两种激素都会让人兴奋，出现愉悦的现象，但孩子在吃棒棒糖的过程中，味觉也能起到一定的安抚作用。

推荐一个鲨鱼牙齿形状的儿童咀嚼玩具，它是食品级的无毒咀嚼玩具。这类玩具可以使孩子安静下来，并调节自己的情绪。

将理论付诸实践吧！

假设你有一个 12 岁的儿子，他似乎对一切事物都感到焦虑。你可以头天晚上在冰箱里放两三瓶水，在冰柜里放一些冰块。第二天一早，等儿子醒来，你给他倒上一杯加了冰块的冰水（前提是他平时喝冰水不会引起肠胃问题）；另外你也可以在他上学时给他带上一瓶保温冰水，让他一天都能喝到冰水，也可以提醒他在白天多用洗脸巾冰敷脸部。几天后你会发现，他的焦虑不安会缓解很多。

😊 **小结**

咬、舔、吸等咀嚼行为可以让孩子的精神放松下来，而且这些行为对他们来说是非常自然的。所以我们要做的，是尽可能创造机会，以安全的方式引导孩子利用这些咀嚼行为。

嗅觉安抚

"嗅觉就像一个强大的巫师,他能在瞬间让你身处千里之外,又能帮你在时光隧道中追忆似水流年。"

—— 海伦·凯勒

其他几种感官的作用,不需要过多解释,人们或多或少都能感受到。但提到嗅觉,很多人并不理解它是如何缓解人们的情绪的。所以本章会从与嗅觉有关的有趣事物开始讲起,之后再来讨论我们如何利用嗅觉来安抚孩子。

大脑处理其他四种感觉都需要先通过丘脑,但嗅觉信号可以直达大脑中处理情感的区域,包含杏仁核与海马体。这就意味着,气味可以引起较为强烈的情绪。同时,海马体是大脑记忆系统的一部分,嗅觉与海马体相连,意味着气味还能够唤起强烈的记忆。比如，许多人一闻到橡皮泥的味道，就会想到自己的童年。因此，嗅觉在安抚情绪上的作用也是可以充分利用的。

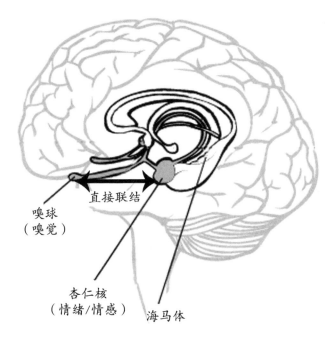

直接联结

嗅球
（嗅觉）

杏仁核
（情绪/情感）

海马体

嗅觉信号在大脑中的传递路线

一般我们会觉得有些动物，比如狗的嗅觉很灵敏，而人的嗅觉要差很多。然而，事实并非如此。纽约石溪大学的一个研究小组曾对第一次跳伞的人做过一项研究，发现他们在初次跳伞时，腋下都会放一块吸汗衬垫。因为是第一次跳伞，他们都会紧张出汗。接下来，研究人员再让经过充分休息、情绪稳定的受试者使用喷雾器去闻这些收集来的汗液（当然，受试者并未被提前告知他们闻的是汗液）。结果发现，闻过汗液后的受试者，抗压水平有明显的升高。虽然这项研究还不具备普遍适用性，但却提醒了我们，在面对孩子的焦虑不安时，需要考虑到气味确实会影响人的感受。

人们对其他几种感官所接收的信息，理解几乎一致。不管你来自哪里，都知道糖是甜的（受过脑损伤之类的特殊人群除外），但人们对气味的理解和认识还可能会因为成长背景不同而不同。

有一次，迈克尔正在研讨会上讨论气味，这时一位女士打断他说道："我喜欢闻牛粪的味道。"迈克尔和其他人都停了下来，好奇地看着这位女士。他们都在想，她究竟是认真的还是在开玩笑。然后这位女士解释说，她从小在农场长大，虽然这听起来很荒谬，但牛粪的气味让她想到自己的家，能让她安静下来。

嗅觉与调节障碍

我们曾碰到过一些孩子，闻到难闻的气味，不仅很难平静下来，还会长时间处于焦虑状态。比如，有个孩子走进一个有难闻气味的房间，他可能会抱怨 20 分钟。这个时候，成年人可能会认为孩子是在故意捣乱，但其实是房间里的气味让孩子不舒服，导致他情绪不稳定。

一项 2020 年的研究发现，当人们感到厌恶时，会觉得自己好像闻到了难闻的气味，即便当时根本没有任何难闻的气味。另外，很多霸凌案例都与体味有关。孩子指出他人有体味，会被认为是很无礼的行为，但也许他们想说的是："你身上的味道不太好闻，希望你能知道。"

要注意的是，对有些人感到舒缓的气味，对其他人造成的效果可能正好相反。如果想利用气味来安抚孩子，一定要用心倾听孩子对这种气味的感受。

利用气味调节孩子的情绪

在过去，如果人们焦虑，医生通常会建议使用安定类药物来镇静、调节情绪。而如今，芳香疗法的运用，一定程度上让人们重新注意到了气味的功效。比如，可以使用扩香器，把某种气味扩散到空气中。尝试几次，就能发现什么气味可以让孩子平静下来。在孩子容易闹情绪的时候使用扩香器，比如在他洗澡的时候，在卫生间里喷一些薰衣草的香氛，就可以舒缓他们的情绪。

虽然芳香疗法也不是万能的，但有几种气味对一些人来说的确大有裨益。茉莉花的气味与服用安定一样，能够起到镇定和舒缓情绪的作用，而薰衣草或薄荷的气味对大多数人也很有帮助。

针对一些经常被噩梦惊醒，导致行为问题的儿童，气味可能也是解决这一问题的创新方式。

芳香气味对创伤后应激障碍患者也有很好的安抚效果。很多严重的创伤后应激障碍患者，伴着令人愉悦的气味入睡，噩梦会有所减少，睡眠质量也会更好。虽然这项研究的受试者年龄都在 20 ～ 59 岁之间，但其结果可能对患有创伤后应激障碍的儿童也有帮助，因为儿童的大脑发育还未成熟，其他形式的治疗对他们不容易发挥作用。

利用气味安抚孩子的情绪，最有效的方式是让家长或者照顾孩子的人随身带一块手帕。时间久了，这块手帕上会有他们的气味，之后再让孩子把手帕随身携带到学校，这样做对缓解孩子的焦虑很有帮助。

在一些医院，当孩子不得不独自住院时，为了安抚孩子，护士会把家长的手帕放在孩子的枕头下面。其实，这个方法对家长也是有效的。有些刚刚升级为父母的家长，在面临宝宝要待在恒温箱跟自己分开的情况时，会感到很难过。这时候，如果家长身边带着有宝宝味道的东西，也可以在一定程度上缓解不安。家长有必要保持情绪稳定，如果连他们都不冷静，又怎么能安抚好孩子呢？

将理论付诸实践吧！

假设你的孩子在学校表现得很好，也没有过激或行为问题，但一回到家，就不停地发脾气，这可能是因为他们在学校面临了难以承受的压力，而回到家，这些压力才被完全释放。你可以在去接孩子放学时，买一小束茉莉花放在车里。开车回家的路上，把车停在路边，让孩子闻一闻茉莉花香，这样也有助于缓解他们在学校受到的压力。试一试，你会发现孩子在回到家之后，比以往平静些，发脾气的次数也明显减少。

☺ **小结**

　　其他四种感官安抚方式十分常见，唯独嗅觉安抚很容易被忽视。读完本章内容，希望能够鼓励到更多的人愿意去尝试嗅觉安抚手段。许多人不把气味看作安抚技术，是因为气味是看不见、摸不着的，所以容易被人遗忘。然而，正如我们案例中所展示的那样，气味对孩子们影响深远。

动物的安抚力量

"动物是人类的好朋友，它们从不质疑，也从不指责。"

—— 乔治·艾略特，小说家

动物对孩子的情绪具有极大的安抚作用。

有一种专门为经历过严重创伤及患有创伤后应激障碍的人开发的治疗手段，叫"动物辅助疗法"。研究发现，有动物在场时，创伤后应激障碍患者不会过度警觉，生活质量也会得到提升。其实，动物不仅能够缓解创伤后应激障碍患者的症状，还能有效安抚情绪失调、暴躁易怒的孩子。

许多人，尤其是经历过虐待等严重创伤的孩子，很难与他人建立信任，而动物辅助疗法则是让孩子通过学习照顾动物，重新建立起信任感。人在照顾动物的过程中逐渐培养了同理心，情绪很容易得到舒缓，因此十分有疗愈性。有时甚至不需要完整的治疗过程，只需养只宠物在身边就能达到效果。

所以，对于患有严重焦虑症或创伤后应激障碍的孩子，我们建议家长可以给孩子养只宠物。很多家庭发现，养了宠物后，孩子确实发生了巨大的变化，至少孩子情绪暴躁的次数明显比以往少了。即使宠物不在身边，跟之前比，孩子的情绪也平缓了许多。而且晚上如果有宠物在，孩子睡觉也会感觉更安稳。

当然，养宠物也会带来问题。照顾宠物责任重大，需要考虑清楚孩子是否真的想要一只宠物并且愿意一直照顾它。有些孩子开始新鲜几天，但之后发现照顾宠物很麻烦，就会对它失去兴致。除此以外，还需要考虑养宠物的花销，比如宠物食品及医疗费用，以及孩子是否对宠物过敏。

另外，要根据自身实际情况，谨慎地选择要养的宠物。真正能够安抚孩子情绪的宠物包括猫、狗或兔子等，前文曾提到，25 岁以下的人能听到更高频的声音。那么，对有感官问题的孩子来说，养一只叫声很尖锐的狗就不是很适合了。总的来说，我们建议选择本身就比较安静的动物。除此以外，动物的年龄也需要考虑到，小狗小猫很可爱，但也会更加活泼好动。

如果孩子存在行为问题，而你正在考虑为他养只宠物，那么强烈建议不要试图给孩子制造惊喜，要听听孩子自己的想法，让他参与到整个决策过程中去。

适合孩子的宠物

宠物犬

有许多宠物犬品种都特别适合小朋友，比如爱尔兰赛特、比格、拉布拉多以及金毛等。其实不管什么品种，最重要的是清楚孩子想要什么品种。有些孩子喜欢犬类宠物带给自己的安全感，但如果养了一只攻击性强的狗狗，则很可能适得其反。

宠物猫

养猫对孩子也大有益处，尤其是纯种猫。纯种猫虽然比较贵，但通常比混种猫的性情更加温和。比如说，混种猫可能喜欢抓咬，但纯种猫一般不会。当然，如果主人照顾得好，混种猫可能也不容易胡乱抓咬。上了年纪的猫自然要比年幼的小猫更安静。此处列举几种对孩子有安抚作用的纯种猫品种，例如暹罗猫、拉格多尔猫和缅因猫。

宠物兔

除此以外，还有宠物兔。与猫或狗相比，兔子的动作会慢一点，性格也更加温和，而且由于它们体形较小，照顾起来也更容易，孩子也喜欢把它们抱在怀里。

养不了宠物怎么办？

不是每个人都有条件养宠物，可能因为你的房子很小，或者因为出租屋不便养宠物，还可能因为你无法负担宠物的花销。如果是这样，可以尝试让孩子参与照顾动物的志愿活动。一般当地的宠物动物园或是动物收容所，都会招募照顾动物的志愿者。你可以在网上搜寻所在区域的相关组织及活动。

你还可以向其他宠物主人寻求帮助，尝试同宠物主人解释，孩子需要得到与宠物交流的机会来解决他们的行为问题，宠物主人可能很乐意让你每周带孩子与宠物接触一到两次。这个频率对孩子来说已经相当有用了。虽然无法拥有自己的宠物，但不要阻止孩子获得他们所需要的帮助。

小结

抚摸、轻拍或是环抱宠物，这些行为都是十分具有疗愈性的。同时，我们也需要教会孩子如何照顾动物，比如怎样抱宠物才不会伤害或是烦扰到它们、怎么喂养它们等。对于容易感到痛苦和沮丧的孩子来说，宠物能够有效帮助他们控制自己的情绪。

第十三章

总结

在第一部分中，我们主要关注了儿童调皮捣蛋、爱发脾气的原因。事实上，孩子表现出这些行为是因为他们处于烦恼沮丧、担忧恐惧的情绪之中。读完这部分之后，希望你能了解孩子不是真正的调皮，而只是感到苦恼、缺乏安全感。理解到这一点，意味着你更清楚地知道如何处理他们的问题。

接下来，我们了解了儿童的大脑发育，了解了儿童大脑的能力和局限，从而帮助你找到安抚孩子的有效策略。

在第二部分，我们介绍了一些缓和情绪的策略，比如对孩子说"你没有惹麻烦"，以及让孩子知道你能理解他们的感受和情绪。我们还探讨了如何利用五大感官以及动物来安抚孩子。

在接下来的内容中，我们要探讨孩子产生行为问题的根本原因。我们需要了解孩子最初为什么会变得不安，然后再来寻求解决问题的方法，这样可以避免孩子总是爱发脾气。

本书附录部分会列举一些事例，来向读者展示应如何将理论付诸实践。

第三部分

儿童情绪和行为问题背后的原因

睡眠与孩子的情绪

"我们之所以没那么病态、那么疯狂，一定要归功于大自然赐予我们的最高恩宠——睡眠。"

——阿道斯·赫胥黎，作家

　　具有中度行为问题的孩子，如果再睡眠不良，那么行为问题就会急剧恶化。情绪不好的孩子会变得更加愤怒、难过和具有攻击性，管教起来也异常困难。

　　解决儿童行为问题没有灵丹妙药，但改善孩子的睡眠质量会起到很大作用。如果你不确定应从何入手去解决孩子的行为问题，那么建议先尝试改善他们的睡眠质量。

　　本章给出的建议不仅适用于儿童，相信成年人读过之后也会受益。提高睡眠质量，有助于身体健康。睡眠好的成年人有更强大的能力和耐力来应对那些难以管教的孩子。

在谈论健康问题时，我们往往更加强调饮食和运动。但现在的研究人员认为，睡眠可能比饮食和运动更重要。人体内的每一次新陈代谢过程都需要通过良好的睡眠来得到保障，包括消化、免疫、记忆、自控、血液循环等。睡眠对人们身体的影响是深远的。

让一个身体健康、无精神病史的人两三天不睡觉，他可能会产生幻觉。即使孩子未必会因不睡觉而产生幻觉，但睡眠不足也会引发严重问题。事实上，剥夺睡眠对身体的负面影响很大，以前它甚至被当作一种酷刑来惩罚罪犯。

睡眠的基本常识

1. 睡眠周期

睡眠周期主要分为五个阶段。第一阶段至第四阶段为非快速眼动（Non-rapid Eye Movement，简称 NREM）睡眠期，第五阶段称为快速眼动（Rapid Eye Movement，简称 REM）睡眠期。非快速眼动睡眠期对增强记忆力和身体健康十分重要，而快速眼动睡眠期则能够帮助处理前一天的大量记忆。

一个完整的睡眠周期大约是 90 ～ 120 分钟。一般而言，睡眠质量好的人每晚会经过 4 ～ 5 个循环。而如果第五阶段（即快速眼动阶段）的睡眠比其他四个阶段的时间更长，人会睡得更沉，体力也更容易恢复，所以，当一个人的自然睡眠周期前一小时被叫醒，那他睡眠中最关键、最有助于恢复精力的阶段则会被打乱。因此，我们绝对不能忽视快速眼动睡眠期的睡眠。

2. 睡眠压力

睡眠压力，又叫作恒定睡眠驱动力，是需要我们理解的一个重要概念。父母往往会因孩子到点不睡觉而生气。但通常情况下，不是他们不想睡觉，而是由于生理原因无法入睡。通常我们认为，只要让孩子在某个固定时间去睡觉，他们就能睡着。这一假设背后的逻辑是，既然我们想什么时候吃东西就能吃进去，那么也应该想什么时候睡觉就能睡着。但睡眠机制与进食机制截然不同。

入睡前，人体内部需要进行一系列复杂的活动。大脑中主要负责调节睡眠的部位叫作视交叉上核。我们不是想睡觉就能睡着的，入睡需要具备两个前提：一个是睡眠压力，另一个是褪黑素（大多数人会在白天的时候进行积累）。如果我们在晚上入睡前两个小时先小睡一会儿，睡眠压力会降低，再想入睡则需要更长时间。

皮质醇水平也会影响睡眠压力。如果人体内皮质醇过多，就会很难入睡，而压力和焦虑会导致皮质醇增高。

同时，睡眠压力会以相反的方式对睡眠起作用。长时间不睡觉的话，睡眠需求就会不断累积，直到人们被迫睡着。这就是为什么尽管有些孩子拼命保持清醒，但在课堂上还是会睡着，因为他们的身体需要睡觉。

3. 孩子需要睡多久？

大多数成年人每晚需要 7 ～ 9 个小时的睡眠，而儿童根据年龄不同，则额外需要多 2 ～ 4 个小时。有些人会说："我不需要睡那么久，4 个小时就足够了。"但密歇根州立大学的一项大规模研究表明，睡眠不足对人们的影响严重被低估。人在睡眠不足的情况下，完成一项需要遵循多个步骤的活动时会更容易出错，比如按照食谱做菜。2019 年的一项研究发现，在测试中，失眠的人比精力充沛的人往往会表现更差。所以，充足的睡眠是保证孩子情绪和行为健康的基础。

4. 规律的睡眠

科学家们发现，规律的睡眠习惯对孩子的健康也非常重要。如果有时晚上 7 点睡觉，有时凌晨 2 点睡觉，还有时晚上 10 点睡觉，会让孩子形成不规律的睡眠，引发严重的心理健康问题。

研究人员还发现，完整睡眠也十分重要。碎片化睡眠比短睡对健康的负面影响也更大。碎片化睡眠是一种断断续续的睡眠模式，不容易形成一个完整的睡眠周期，对孩子的记忆力和体力恢复都不利，而很多有碎片化睡眠习惯的成年人患精神疾病和产生其他负面现象的概率也更高。所以，尽量保证孩子 8 ～ 10 个小时睡眠是完整的，这对孩子的情绪也更有利。

虽然睡眠不足和睡眠不规律都对孩子的情绪有影响，但同样需要注意的是，嗜睡或过度睡眠也会导致类似的问题，适度充足而规律的睡眠是孩子良好睡眠的一个评判标准。

5. 如何了解孩子是否睡眠充足？

儿童每天的睡眠时间大概在 9 ~ 13 个小时之间，具体时间还取决于具体的年龄阶段。想要了解孩子的睡眠情况，可以问孩子："睡醒后是否感到很疲倦？是否准备好能够出发？"如果孩子睡醒后总是感到困倦，那就说明孩子的睡眠质量可能不是很好。经过一周的忙碌，偶尔有一两次醒来时感到疲惫，这种情况是正常的；但如果经常出现这样的情况，那就意味着睡眠时间和质量不能满足身体所需。

睡眠不良的危害

1. 精神疾病

研究发现，精神疾病与睡眠不足之间存在着显著的关系。我们习惯认为睡眠问题是由精神疾病所导致，但其实睡眠问题也会反过来引发或加剧精神疾病。

有两项非常有趣的研究发现，睡眠不足会让人们更容易遗忘那些美好快乐的事情，而那些不好的回忆则会历久弥新。除此以外，睡眠不良还会引起焦虑，加剧抑郁。

有研究数据显示，一晚上的低质量睡眠，会让大脑中负责激活恐惧情绪的杏仁核增加60%的活跃度！同时，负责调节和抑制恐惧情绪的前额叶皮质活动也会受到影响。

一项针对成年人的研究发现，"夜猫子"患抑郁症的比率比"早鸟族"要高12%。而且，大自然的作息表其实更符合"早鸟族"，习惯早睡早起的人，做事效率会更高。

2. 疾病和伤痛

自然情况下，皮质醇水平在一天中的不同时刻会有所不同。通常它会在我们早上醒来的时候升高，然后随着一天的结束再逐渐下降。然而，一旦人们睡眠不足，这一自然过程就会被中断，体内的皮质醇水平会在白天减少，在晚上增加。皮质醇水平过高会诱发压力与焦虑，形成一个恶性循环：睡眠质量差导致焦虑情绪加重，而焦虑又会进一步影响睡眠质量。

皮质醇还会抑制人体的免疫系统。睡眠质量差引起体内皮质醇水平的升高，从而增加感冒等患病的概率。睡眠不足还可能会破坏T细胞，而T细胞是人体抵抗各类疾病的重要组成部分。T细胞一旦被破坏，人体在疾病面前就十分脆弱了。

研究人员还发现，睡眠不足的人对疼痛的敏感度更强。比如，一个有中度背痛的人，如果他休息充分，就可以正常上班上学，但如果睡得不好，中度疼痛就会让人无法忍受，无法正常生活。

3. 肥胖问题

睡眠不良也会引发肥胖。人体内有两种激素，分别叫作生长激素释放肽和瘦素。人们在进食的时候，这两种激素会将吃饱的信号发送给大脑。而睡眠不足的人，体内的这两种激素不会被激活。因此，他们会不停地进食，即便已经吃饱了，仍会感到饥饿。

睡眠还会通过其他方式影响人们进食。有研究发现，睡眠不足的人比休息充分的人在看到食物的时候更兴奋。睡眠充足的人看到巧克力棒会产生正常食欲，而睡眠不足的人则会对其垂涎欲滴。

青少年常见问题，与睡眠有关

人们普遍认为大脑进入青少年发育阶段是从 13 岁（即从儿童成为青少年）开始，但事实上，有些孩子很可能在 8 岁前就进入青少年大脑发育阶段了。青少年的睡眠周期与成人有所不同。通常情况下，青少年的自然入睡时间要比成年人晚 2 ～ 3 小时，所以他们熬夜并不是刁难和挑衅家长，而是由其生理条件决定的。除了晚睡，青少年比成年人需要多睡 2 个小时。

美国有一项名为"推迟上课时间"的运动，这项运动旨在保障中学生拥有符合成长所需的睡眠时间。从最新研究来看，高中推迟上课时间，不仅保证了学生充足的睡眠，学生的学业表现更好，生病的情况也少很多。虽然这项研究主要针对高中生，但高年级的小学生可能也需要推迟上课时间。

学校的上课时间与青少年睡眠之间的关系要更复杂一些。除了睡眠时间，睡眠类型是清晨型还是夜晚型及其压力水平对学业的影响也发挥着重要作用。

1. 学习有困难

许多行为矫正技术需要教孩子学会新技能，比如让孩子在难过的时候放慢呼吸。但孩子往往会忘掉，原因之一可能就是睡眠问题。

大量研究表明，睡眠对记忆力有很大影响。研究人员发现，睡眠不好的孩子很难记住前一天所学的内容。

良好的睡眠有助于增强大脑的记忆力。如果孩子正在学习一项涉及动作和协调性的新技能，比如弹钢琴，那么他们得在学习后睡个好觉才能掌握这项技能。

2. 多动症

多动症行为问题会在睡眠差的孩子身上有同样的表现。2020 年的一项研究发现，睡眠质量差可能导致儿童大脑中负责冲动控制的部位发生改变。除此以外，在睡眠不好的情况下，人们会想要频繁活动，并且很难集中注意力。这些都是多动症的典型症状。

在多动症的诊断过程中，临床医生也要先排除睡眠等其他原因，才能最终诊断为多动症。

3.霸凌和暴力

近三十年来，许多学校意识到了校园霸凌会给学生身心带来极大伤害，因此他们广泛开展反霸凌项目，并投入大量资金。但反霸凌项目在校园里基本没什么效果。研究人员发现，睡眠不良还会提升霸凌与家庭暴力倾向。反霸凌项目行不通也是有可能的，因为这些项目忽略了包括睡眠问题在内的一些关键因素。

一项针对美国 202 名大学生的研究发现，睡眠不足的学生会表现出更多的愤怒情绪，而困倦会降低我们对周遭问题的容忍度。这或许是睡眠剥夺导致霸凌和家庭暴力的原因之一。

另一项研究也验证了这一点。研究人员向受试者展示不同的人脸照片，结果显示，休息充分的人看到面无表情的脸，会认为这个人只是没有表情；但睡眠不足的人则会认为这个人是愤怒的。因此，睡眠不足会改变我们对世界的感知。想要遏制霸凌与侵犯，首先要关注睡眠问题。

4.自杀倾向

睡眠不足与自杀之间还存在其他关联。研究人员发现，睡眠不足的人会产生低自尊情绪，并且会导致强烈的孤独感。

许多自杀事件，尤其是年轻人自杀事件，都发生在深夜 12 点～凌晨 3 点之间。

其他研究认为，长时间睡眠不足的人通常还会选择在下午自杀。为什么是下午？有可能因为他们整夜都处在忧虑的情绪中，还有可能因为他们熬夜学习或打游戏，在这样的情况下，下午的自杀风险就比较高了。

人们在睡眠不足的情况下，一点小问题都会变得更加严重。因此，想要防止自杀，要先处理好睡眠问题。

排除其他影响睡眠的因素

1. 对黑暗和噪声的恐惧

孩子睡不好，另外一个原因是恐惧。那么，他们到底在害怕什么呢？可能是担心有怪物躲在自己床底下，也可能是听到了"嘎吱嘎吱"的声响，以为有陌生人闯进家里。当然，有的恐惧毫无来由，只是单纯因为他们胆子小。成年人很少会怕黑，但在孩子眼中，"黑暗"则意味着危险重重。孩子在晚上睡觉前总爱发点"小脾气"，通常是因为他们对自己的卧室有一种恐惧感。成年人喜欢待在床上，因为对于他们来说，床是极具安全感的地方，在这里他们可以绝对放松。但孩子们可不这么认为。

要是孩子们怕怪物躲在床底下，建议家长可以在那儿放置一些比较大的物品，让孩子们相信怪物不可能藏身在那儿。

如果孩子不肯睡觉，家长必须了解原因。举个例子，小朋友听到房间里有声响，他们可能以为家里闯进了小偷或者其他坏人，这些人很可能会攻击自己。这时候，家长可以和孩子聊聊天，告诉他们家里的地板、家具、门窗大多是由木头建造而成，所以自然会发出声响。同时，家长还可以在白天的时候，停下手里的事情，花一点时间让孩子们听听这些声音，让他们了解到屋子自然发出的声响与坏人闯入的声响是有区别的。沟通和了解都有助于缓解孩子对于房间的恐惧感。

另外，上一章我们探讨宠物的时候也曾提到，宠物能够帮助孩子建立起对环境的安全感，若是有宠物相伴，孩子会睡得更好。

2. 做噩梦

许多有行为问题的孩子都会做噩梦。经常做噩梦会影响睡眠，睡眠不好的话，又反过来加重做噩梦的情况，形成恶性循环，导致噩梦不断。家长可能会认为，偶尔做噩梦对于处在成长发育阶段的孩子来说再正常不过了，但如果孩子几乎每晚都做噩梦，或是一晚上多次被噩梦惊醒，就需要及时寻求专业医生的帮助了。

心理治疗师贾斯汀·哈文斯，在社交媒体平台发布过一则短视频，题为《将"噩梦"变"美梦"的梦境续写技术》（*From Nightmares to Peaceful Sleep With the Dream Completion Technique*）。视频中，哈文斯医生让那些被噩梦惊醒的人们去想象自己想要的梦境，从而完成对噩梦的续写。需要说明的是，对梦境的想象和续写不需要真的能够实现。打个比方，如果一个孩子一直梦见自己被怪物追赶，他就可以想象自己变成了一只大恐龙，然后将怪物一口吃掉。目前，梦境续写技术只在成人中进行了测试，但对某些儿童或许也能奏效。

3. 睡眠呼吸暂停综合征

睡眠呼吸暂停综合征是指由于呼吸问题而出现的睡眠中断。虽然人们一般不会意识到自己已经醒来，但其实睡眠周期已经被扰乱了。如果你觉得自己晚上睡得很好，但醒来时却感到疲惫，那你很可能患有睡眠呼吸暂停综合征。

人们往往认为，睡眠呼吸暂停综合征常见于中年男性，但研究人员发现，许多儿童在睡眠过程中也会发生呼吸暂停。如果孩子看上去睡眠不错，但醒来后还会感到疲倦，家长就得注意了。

许多人不愿意治疗睡眠呼吸暂停综合征，是因为他们觉得戴着呼吸机面罩睡觉很不舒服，但现在市面上的面罩要比过去舒服很多了。

4. 睡眠肌张力抑制

睡眠肌张力抑制（Atonia）是一种常出现在夜间的异常暴力行为，多伴有严重噩梦，它对儿童的影响比我们想象的要严重得多。同时，儿童发病时还有可能引起自伤，因此家长务必格外注意，并且遵从专业医生指导。

5. 膀胱功能与遗尿现象

经过多年如厕训练的孩子开始出现尿床行为时，家长常常会感到意外和不解。有关儿童焦虑的章节中会提到，焦虑情绪会导致消化不良。同时，肾上腺素和去甲肾上腺素会促进膀胱进行排尿。

如果孩子出现尿床行为，家长最好先去咨询医生，因为导致孩子尿床的原因有很多，比如尿路感染，或是体内缺水引起的尿液浓缩，医生会通过检查来确认真正原因。

改善孩子睡眠的一些小方法

有人认为，睡眠好与不好都是天生的，是无法改变的。事实并非如此，绝大多数睡眠问题其实都可以得到解决和改善。

1. 白天多晒太阳

琳达·格迪斯在《追逐太阳》(*Chasing The Sun*) 一书中曾讲述，自然阳光可以促进夜晚褪黑素的分泌，极大地改善睡眠质量。人们往往以为睡眠准备工作是睡前需要做的事情，实际上，我们需要在白天就让身体做好准备。

有数据显示，与其他国家相比，芬兰的学生不但学业表现更好，精神疾病的发病率也更低，这跟芬兰的孩子每天至少会有一个小时的户外活动有很大关系。但遗憾的是，许多西方国家学校的学生几乎没有户外活动时间，这一错误会严重扰乱孩子的自然睡眠过程。想让孩子晚上多睡觉，就需要让他们在白天多晒晒太阳，或是在阳光下多跑一跑。

2. 减少咖啡因等刺激性物质的摄入

咖啡因是一种兴奋剂，是一种能唤醒身体的化学物质。睡前 6 小时内饮用 400 毫克咖啡因（约半杯咖啡），平均睡眠时间会减少 1 小时！现在很多能量饮料中都含有大量咖啡因。如果孩子在晚上七八点钟饮用能量饮料，他们就很难睡个好觉了。理想情况下，睡前 6 小时内不应该饮用含有咖啡因的饮品。即使饮用后能睡着，睡眠质量也会受到影响。

3. 限制孩子的"屏幕时间"

蓝光与手机对人们的影响一直备受关注。几乎所有电子产品的屏幕都会产生蓝光。深夜盯着电脑、手机屏幕有害无益。

撇开手机屏幕蓝光的问题不谈，光是信息通知就会不停地吵醒我们。前文提到，碎片化睡眠比睡眠不足对健康的负面影响更严重。手机信息通知不断扰乱着我们的睡眠周期，对睡眠十分不利。理想情况下，晚上孩子不应该把手机放在卧室，但如果他们想要放，就应将手机调至飞行模式或静音模式（不用担心，即便手机处于静音模式，闹钟仍然会响）。因此我们认为，影响睡眠质量的因素，不仅仅是因为手机屏幕的蓝光，更重要的是手机的信息通知会导致睡眠过程的多次中断。

4. 保证睡觉房间的暗度

为了保证良好的睡眠，房间应尽可能保持黑暗无光。但有些孩子因为怕黑，必须有夜灯才能入睡，这样就可以选择红光夜灯，并且确保光线是昏暗的，这样既不会干扰孩子的睡眠，又解决了孩子怕黑必须开灯才能入睡的问题。不过，找到孩子

怕黑的原因，也有助于解决睡眠问题。

5.阅读有利于睡眠

睡前阅读对睡眠有帮助，而阅读纸质书比阅读电子书更有助于睡眠。有研究表明，睡前阅读，人的压力水平可以降低68%。但遗憾的是，近年来家长较少给孩子讲睡前故事了，但这一传统的确能够有效地帮助孩子放松下来。小时候有睡前阅读习惯的孩子，长大后也会养成睡前阅读的习惯。

6.不要一直看时间

此外，房间卧室里的钟表也会增加人们的焦虑情绪，这是因为看了钟表之后你可能会想："已经深夜1点了，我得马上睡着才行。"因此，建议最好不要在卧室放置钟表。

7.寻求专业人士的帮助

如果你已经尝试了以上这些策略，但孩子依然无法入睡，那么建议咨询睡眠领域的专家。现在专门研究儿童睡眠的医学专家越来越多。孩子的睡眠问题不容忽视，亟须解决。如果想让孩子情绪稳定，就要保证孩子的睡眠质量。孩子睡不好的情况下，一切管教都是无稽之谈——他们根本无法清晰思考，也极易滋生强烈的敌意。

将理论付诸实践吧！

涉及睡眠问题时，最重要的是要找到原因，切忌"病急乱投医"。

询问为什么不睡觉，是解决孩子睡眠问题的一个良好开端，孩子的回答会帮助家长明确应对的措施。如果他们愿意上床睡觉，只是躺在那儿睡不着，这可能意味着他们褪黑素分泌不足，这种情况下，需要让他们多晒太阳，刺激褪黑素的生成。如果他们在入睡时感到脑子始终静不下来，可能表明他们情绪焦虑，阅读或许会有帮助。如果他们总是做噩梦，那么可以采取梦境续写技术或寻求心理咨询。

总而言之，尽可能地了解孩子真正的问题所在，并找到正确的解决方案。

☺ 小结

睡眠对孩子的健康和情绪至关重要。睡眠可以改善健康状态，比如防止肥胖、提高免疫力、降低患精神疾病的风险，以及避免行为问题与霸凌事件的发生。好的睡眠益处良多。如果不确定该如何着手解决孩子的情绪和行为问题，建议可以从改善他们的睡眠开始。良好的睡眠几乎能够应对大多数行为问题。

玩耍的力量

"我们不是因为年老而停止玩乐，而是因为停止玩乐才会变老。"

——乔治·伯纳德·萧，剧作家

有关于儿童玩耍的相关研究显示，儿童攻击性的增强与缺乏自由玩耍时间之间有着很强的关联性。

1966 年，一名狙击手在得克萨斯大学塔楼向众人开枪射击，造成 16 人死亡，31 人受伤。在这之后，精神病学家斯图尔特·布朗开始研究狙击手枪击行为背后的原因，还对其他实施过暴力犯罪的犯人进行了调查。他发现这些人的成长经历中有两个共同点：缺乏稳定的依恋关系与自由玩耍时间。当然，不是所有没能尽情玩耍的孩子长大后都会成为杀人狂，但很有可能成为脾气暴躁的人。

另一项针对幼鼠的研究也有相同的发现。被剥夺自由玩耍时间的幼鼠，成年后的愤怒情绪和攻击行为会更为强烈。因此，自由玩耍并非是在浪费时间，也不该被剥夺。

彼得·格雷在《自由学习》(*Free to Learn*)一书中提出，自由玩耍有助于儿童情绪的自我调节，能够帮助儿童建立自信、应对冲突，而缺乏玩耍时间可能会提升患精神疾病的风险，导致儿童出现行为问题。

此外，玩耍还可以锻炼大脑前额叶皮质，即大脑中负责自我控制的区域。前额叶皮质越发达，儿童的情绪就越稳定。

自20世纪90年代开始，美国儿童自由玩耍的时间就在不断减少。当时的美国领导人认为，美国学生的学业标准低于其他国家。为了改变这一情况，政府对一系列政策做出重大变化调整，比如降低学生的入学年龄等，以期提升学业优势。这样一来，无论是在校内还是校外，孩子们的自由时间都越来越少。为了使孩子们在学业上获得成功，本应在幼儿园自由玩耍的孩子，被要求提早学习数学、语文和科学。新政策听上去很有道理，却带来了灾难性的后果。儿童缺乏自由玩耍时间成为精神疾病发病率上升的重要因素之一。除此之外，儿童的创造力和人际交往能力也有明显下降。

令人遗憾的是，美国这一减少儿童自由玩耍时间的做法不但没有停下来，还被其他国家争相效仿。2010年，新西兰推出小学标准化考试国家标准，政府意识到其负面影响后，于2018年予以取消。

玩耍的意义

成年人往往会认为孩子玩耍是在浪费时间。他们觉得美术、音乐等课程是"副科"，应该被取消，孩子们应该集中精力学习数学、语文、科学等"主科"。然而，很多实践证明这种观点是错误的。

按照此观点，如果玩耍会耽搁主科学习，那作为世界上学术声望最高的奖项——诺贝尔奖获得者肯定不会在美术或音乐课程上浪费时间吧？然而，罗伯特·伯恩斯坦教授通过研究诺贝尔科学奖得主发现，几乎所有诺贝尔奖得主都有美术或音乐方面的爱好。

音乐与美术不仅不是重大科学发现的阻碍，反而是可以帮助人们创造性地思考和解决问题的助力。对科学家来说，艺术是生活中必不可少的一部分。比如，阿尔伯特·爱因斯坦喜欢拉小提琴，马克斯·普朗克（诺贝尔物理学奖获得者）常在音乐会中演奏，欧内斯特·卢瑟福（诺贝尔物理学奖获得者）爱好写歌。许多具有极高成就的科学家都是艺术爱好者，如伽利略喜欢写诗。阿瑟·柯南·道尔也很了解科学与艺术之间的微妙联系，他创造的历史上最著名的虚构侦探人物之一夏洛克·福尔摩斯不仅痴迷科学，还会拉小提琴，喜欢听歌剧。事实上，在经典教育学中，艺术教育是全面教育中不可缺少的组成部分。

歌剧《波希米亚人》的第一幕，讲的是生活在 1830 年的巴黎的两个穷学生。其中一人为了取暖，烧掉了他一直在写的剧本。在剧中，创造力是他烧掉的最后一样东西。这是为了显示创造力在那个时候极其可贵。但如今，这一幕不会再带来如此大的影响，因为人们已经不那么重视创造力。

装扮游戏、搭建玩具、过家家等，这些活动似乎是在浪费孩子的时间，但实际上孩子在做游戏的同时，也能够学到解决问题的方法。解决问题的能力不是别人教会的，是要靠自己在现实世界中学习的。就拿装扮游戏来说，孩子们在玩装扮游戏的时候，必须动脑去想象一些不存在的东西，玩的过程中就锻炼了想象力。

玩耍中学会解决问题

斯图尔特·布朗在《玩耍》（play）一书中谈到了美国国家航空航天局（NASA）喷气推进实验室（JPL）的工程师们。喷气推进实验室以参与了美国的每一次太空之旅而闻名世界。实验室负责人内特·琼斯发现，刚进入实验室的工程师，虽然大多都毕业于美国名校，成绩也都名列前茅，却不擅长解决现实生活中的难题。而那些工作表现更出色的工程师，不仅具备名校文凭，还在儿时拆解过收音机或其他电器的小配件。小时候喜欢玩拆解收音机的孩子，长大后往往更擅长解决现实生活中面临的各类问题。

解决问题是孩子需要提升的最重要的能力之一，而自由玩耍是学会解决问题的最佳途径。迈克尔在英国举办了很多年的学校夏令营活动，设计过大量有关团队建设的项目任务。其中一项是要求一个班的孩子从操场的一边穿行到另一边，脚不能落地，但可以使用轮胎、木板和绳索来完成任务。

仔细观察老师们的反应，发现也很有趣。有的老师会手把手教学生。他们不断对学生说："你拿起绳子，把它放在这儿。你拿着这个轮胎，把它放在这儿。你拿这根木头，把它放在这儿。"几乎每一步都是老师告诉孩子们该怎么做。

有的老师则站在孩子们身后，让孩子边玩边想办法。结果发现，那些边玩边想办法的学生，比老师直接告诉他们怎么做的孩子，更快地找到了解决问题的方法。

帮助别人解决问题，不是站在他面前告诉他们正确做法。那么多孩子不喜欢数学，其中一个原因就是，数学课本往往是先给出一条已成定论的公式，然后要求学生不断重复它。课本中只给出相关信息，你不需要自己去寻找，也没有无关信息的干扰。这不是在教孩子们解决问题，只能教会他们如何模仿。"照猫画虎"无法培养孩子解决问题的能力。

鼓励孩子解决问题的方式有很多。比如，可以去旧货商店买一台二手收音机，然后鼓励孩子把它拆解，了解其工作原理。类似拆解物品这样的事情就能够很好地锻炼孩子解决问题的能力。如果孩子不小心把收音机弄坏了也没关系。这样他们就可以学习到许多宝贵的生活技能了，比方说十字螺丝刀和平头螺丝刀究竟有什么区别。

现在，很多视频网站上可以找到很多精彩的操作视频。建议家长可以和孩子一起在网上学习些基本的动手技能，比如做饭、缝纽扣、修东西等。家里的电子设备不好用或是坏掉了，可以教孩子在网上搜索设备型号，并且查看其他人是否找到了类似问题的解决方法。完成这些步骤往往需要很大的耐心，所以也可以锻炼孩子的耐心。

建议让孩子解决一些现实生活中的问题，比方说设计一个盆栽植物自动浇水器，一个防止汽车座位边缘掉东西的装置，或是一个更方便从天花板上取下来换电池的烟雾报警器。再或者，当你发现掉到床底下的东西很难取出来时，可以让孩子试着自己想个法子。总而言之，要尝试在现实生活中寻找问题，并且让孩子自己想出解决办法。

在解决问题时，第一次尝试不一定就能得到正确的方法，孩子可能会失败很多次，然而人们正是在失败中学会如何解决问题的。受困和挫败是解决问题过程中很重要的一部分。这时候，孩子会认为自己做不到，会感到沮丧，甚至大哭。现实生活中的问题有时可能需要几天、几周甚至几个月才能解决，而一旦孩子解决了一个难题，他们的挫败感就会随之消失，然后就会想要解决更多的问题。

其实，需要自由玩耍时间的不只是儿童，我们鼓励成年人也能够拥有更多的自由时间，并摒弃掉要将日程表排满的理念。有时，一定的自由时间不但能够缓解压力，还能促进创新。

对成年人来说，自由时间往往意味着许多非常棒的点子。Gmail 邮箱就是员工在自由时间制度下开发出的产品。谷歌公司的成功，部分原因可能就是因为员工可以自由支配 20% 的工作时间，做自己想做的事情，甚至可以选择休息或不工作。他们一旦空闲下来，就会开始想要解决问题："我现在有时间了，就能修复那个让所有人崩溃的软件故障了。"

自由玩耍好处多

1. 自由玩耍是一项权利

美国儿科学会与联合国都将自由玩耍视为儿童的一项重要权利，对自由玩耍的重视程度与对待童工、性虐待等问题的力度是相同的。

联合国《儿童权利公约》第 31 条规定：

"儿童有权享有休息和闲暇，从事与儿童年龄相宜的游戏和娱乐活动，以及自由参加文化生活和艺术活动的机会。""缔约国应尊重并促进儿童充分参加文化和艺术生活的权利，并应鼓励提供从事文化、艺术、娱乐和休闲活动的适当和均等的机会。"

美国儿科学会在《游戏在促进儿童健康发展和强化亲子关系中的重要性》中也指出，玩耍能够促进儿童的身体、认知、社会性、情感等各方面的健康发展，对儿童的大脑发育至关重要。除此以外，玩耍还为家长提供了进入孩子世界的机会。

2.影响孩子在学校的表现

随着各学校之间在学习成绩方面的竞争越来越激烈，学生们的自由时间越来越少。有的学校课间不让孩子自由玩耍是担心他们受伤或是被霸凌，而事实恰恰相反。位于新西兰的斯旺森小学，在学校允许孩子们进行爬树、玩滑板等略具危险性的活动后，霸凌与受伤事件明显减少。孩子拥有了更多的自由玩耍时间，便能够学会自己设定安全界限。爬树当然可能会摔下来，但他们能从中完成自主学习。

处于极度紧张、不堪重负状态下的孩子，也更有可能会欺凌他人。斯旺森小学的研究同时发现，课间休息时，孩子如果能够自由玩耍，霸凌行为就会减少。自由玩耍有助于情绪的发泄，孩子不容易被他人激怒。此外，在自由玩耍过程中，孩子们还能提升谈判技巧，学会如何表达情感。

研究表明，更多的休息时间和体育运动，也可以提升学习效率。让孩子们整天一动不动地坐在教室里学习，简直是糟透了。他们需要时间来消化所学的知识，也需要时间来休息。在芬兰，学生每学习一个小时，都会有至少 15 分钟的休息时间。

3.解放家长

回到家的孩子，自由玩耍的时间同样被剥夺。有孩子的家长，最常抱怨两件事情：一是他们已经筋疲力尽，二是他们的时间完全被填满。在过去，一个 5 岁的孩子周末早上七八点钟离开家出去玩，晚饭时回到家，都会被认为很正常。那个时候，家长有自己的事情，不用全天 24 小时监督孩子，也拥有更多的时间。但在现代社会中，孩子面临的危险比较多，因此有必要给他们设定安全界限。比如说，可以同陌生人讲话，但不能跟陌生人走，等等。

4. 家庭作业与自由玩耍

现在，很多孩子放学后通常要花两三个小时的时间来完成家庭作业。有些人可能会觉得，孩子想要成功，就得多做家庭作业。南希·卡利什和萨拉·贝内特合著的《对家庭作业说不》(*The Case Against Homework*)，与艾尔菲·科恩的《家庭作业的迷思》(*The Home Work Myth*)都驳斥了这一观点。两本书的作者都认为，没有证据可以证明，多做家庭作业就能改善孩子的在校表现。虽然家长可能对这一观点表示意外，但事实的确如此。

其实家庭作业不但会加重孩子的负担，使孩子丧失学习兴趣，还可能引发家庭争端。上一章曾提到，压力太大会导致睡眠问题，而过多的家庭作业也会影响睡眠。家庭作业不仅无法激发学习兴趣，还会使学生丧失学习热情。教师在布置家庭作业时需要格外注意，因为有些作业（比如阅读某一章的课本并圈出其中的名词）会使学生丧失遵循书本的能力，并失去对学习的热爱。

家庭作业的最大问题在于，孩子自由玩耍的天性被扼杀了，他们自然就无法获得自由玩耍的巨大益处。更糟糕的是，做作业到凌晨，还会影响孩子的睡眠质量。孩子不光是在平日要做家庭作业，周末（甚至假期）都会被大量的作业填满。他们始终处在紧张状态下，根本没有时间放松。

除此之外，儿童缺乏自由玩耍时间成为精神疾病发病率上升的重要因素之一，并且儿童的创造力和人际交往能力也有明显下降。

5. 自由玩耍是自主学习的重要方式

现代社会中，玩具太多反而会剥夺孩子的快乐。以前，孩子或许只能玩纸板箱，而现在玩具不但种类繁多，而且功能各异。事实上，孩子根本不需要玩玩具。如果要买的话，也建议家长不要买那些能发光、发声的玩具，只给他们提供些积木或纸板箱即可，要让孩子有发挥自己想象力的空间。

6. 锻炼孩子的胆量

近年来，过度保护孩子的现象受到广泛关注，从游乐园区的设计上就能发现端倪。在以前的游乐园里，你能看到双层堡垒、云霄飞车和高空滑梯。而在如今的游乐园中，吊桥离地面仅仅几厘米，很是无趣。难怪现在的孩子都如此焦虑。孩子只能在"安全设施"上玩耍，这对他们来说没有任何难度，可一旦他们进入到现实世界，无处不在的困难和挑战便会使他们心生恐惧。因此，必须让孩子们适当参与些冒险活动，如爬树、生火等。

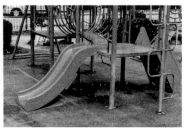

老式游乐设施vs.过度保护的游乐设施

7. 培养孩子的复原力

彼得·格雷是一位自由玩耍研究者，他认为年轻人的复原力正在极速下降。在过去，学生在考试中得到 B 或 C 的成绩就会很满意，但现在，这样的成绩会被认为不够好。甚至对很多学生来说，A– 就是天大的灾难，还有人仅因为没有得到 A+ 就想要自杀。自由玩耍可以帮助孩子们了解到，生活并不会按你的计划发展。在格雷看来，自由玩耍能够培养复原力。

8. 克服对失败的恐惧

焦虑的孩子有时会因为胆小而不敢尝试，生怕会失败。成年人可以向孩子展示应如何面对困难。比如，家里的信箱容易进水，你可以尝试自己解决，先制作一个不好用的挡水装置，失败之后就再次尝试。如果孩子看到成年人同样会失败，他们会受到鼓舞，愿意冒着失败的风险去尝试解决问题。如今，很多孩子因为害怕失败而不愿尝试，因此我们有必要营造一种"接受失败"的文化环境。

希望你会觉得这本书写得还算不错。可能有些读者会以为作者写书很简单——就是坐在那儿写嘛。但说实话，写书的过程真的没有想象的那样顺利，总是让人充满挫败感。可能你刚写完的时候，感觉读起来还可以；但第二天再读，会觉得完全不着边际，只能推翻重写。这就是写作——开篇很难，会感到挫败，但仍要尝试从头再来。

该怎么克服对失败的恐惧呢？方法就是自由玩耍，这对儿童和成年人同样适用。在玩耍的过程中，失败也没关系。假设一群孩子正在用毯子搭城堡，玩的时候，"城堡"可能会发生"坍塌"，这并不是什么大不了的事情，孩子们可能还会哄堂大笑。在玩耍的过程中体验如何"安全地"失败，可以帮助我们在生活中克服更大的困难，比如考试失利。

将理论付诸实践吧！

劳伦斯·科恩的《游戏力养育》（*Playful Parenting*）是一本为那些与困难行为作斗争的父母提供的精彩书籍。迈克尔认为这是他读过的最好的育儿书之一。

如果孩子说脏话，传统的教育方式是对孩子吼叫，惩罚他们，或者是把奖励的贴纸从孩子那儿拿走，但这么做往往会使孩子大发脾气。如果你告诉孩子不要再说脏话了，往往又适得其反。自由玩耍的建议是：不想让孩子说某个词，最好的办法是和孩子玩个游戏，对他们说"绝对不要说'豆沙包'"（或者随便编一个其他的词）。孩子会不停地说"豆沙包"，但是没关系。他会慢慢忘记之前自己说的那句脏话。游戏过程越好玩，你们就会越开心。

如果让孩子刷牙容易引起家庭冲突，那不如试着把它变成一个游戏。家长可以对孩子说："看谁刷牙的时候泡沫最多！"如此一来，一场痛苦的矛盾就转变成了一个有趣的游戏，刷牙的过程也会充满开怀大笑。

😊 小结

自由玩耍不仅是孩子的权利，也能预防或减轻孩子的焦虑与愤怒情绪。有自由玩耍时间的孩子，焦虑感和攻击性会更低。玩耍是应对孩子挑衅性行为的有力工具，我们必须尝试并经常使用它。

与情绪有关的精神疾病

"我从未对自己患有抑郁症而感到羞愧。从来没有。有什么好羞愧的呢？我经历过一段非常艰难的时光，我很自豪自己能够走出那段艰辛。"

——J.K. 罗琳

在我们研究精神疾病对儿童情绪的影响之前，我们首先要了解什么是精神疾病，以及它在成年人身上的表现。本章内容是对精神疾病的初步了解，第十七章是成年人焦虑症的具体症状，而第十八章则是儿童焦虑症的症状表现。可能有人会感到疑惑，为什么不能直接进入儿童焦虑症的内容。想要了解焦虑对儿童的影响，首先需要了解它是如何影响成年人的，再来关注这种影响在成年人与儿童之间有何区别。而造成这种区别的主要原因是儿童的大脑尚未发育成熟。

精神疾病包括但不限于抑郁症、焦虑症、成瘾症、饮食失调症等。本书的大部分内容将重点讨论焦虑症，因为它是导致儿童情绪和行为问题的一个重要原因。当然，其他精神疾病也或多或少有所影响。

如何辨别正常心理与精神疾病

每个人都会不时感到忧虑担心，这是否意味着我们所有人都有焦虑症呢？下面我们举一个因面试感到紧张的例子。几乎每个人在面试之前都会紧张，这是正常的。虽然紧张，但如果你仍然能够去参加面试，那你就没有焦虑症。但有些人会紧张到呕吐，甚至出不了门，这可能就是焦虑症了。也就是说，当某种心理或情绪使人无法正常、快乐、高效地生活时，它就成了一种精神疾病。

精神疾病是真实存在的吗？

有些人认为，精神疾病是想象出来的，是人们为了不用去学校或工作而编造出来的。如今，先进的技术水平使我们能够看到精神疾病患者的大脑里发生了什么。FMRI（Functional Magnetic Resonance Imaging），又叫功能性磁共振成像，能够清楚地展示出大脑不同部位正在执行的各项任务。功能性磁共振成像技术使我们能够看到焦虑症患者的大脑正在发生什么。

大脑中有一个叫作杏仁核的部分，它能够检测危险并产生恐惧感。很多人以为处理恐惧情绪的只有杏仁核，但这一过程比我们想象的要更为复杂，涉及大脑中的多个部位。知名神经科学家约瑟夫·勒杜在《重新认识焦虑》(Anxious) 一书中对此进行了详细解释。科学家们发现，焦虑症患者大脑中的杏仁核要比正常人大得多。这意味着他们比正常人更容易感到恐惧。通常情况下，焦虑症患者的大脑对威胁的敏感度也远远高于正常人。想象一下，如果你的恐惧中心总是不断误拉警报，生活该有多么困难啊。

除了焦虑症以外，抑郁症也与大脑病变有关。2018 年，研究人员曾发现，抑郁症患者的下丘脑——大脑中产生压力的部位，比正常人大 5%。正常人面对压力时，大脑会激活压力反应系统，压力过去之后，大脑则会将其关闭。然而抑郁症患者的压力水平一旦升高则很难回归正常水平，这也就意味着他们会经常处于高强度的压力下，即便他们并未置身于紧张的处境之中。

大脑中还有一个叫作内侧前额叶皮质的区域，主要负责处理自我反省。研究显示，抑郁症患者大脑中的内侧前额叶皮质更加活跃，对大脑其他部位有更强的控制力，他们对自己的评价也更为消极。科学家尚未完全确定，内侧前额叶皮质的变化究竟是抑郁症的病因还是抑郁症的后果。许多抑郁症患者可能会这么看自己："我真是个失败者。"内侧前额叶皮质功能紊乱，可能就解释了为什么抑郁症患者对自己有如此强烈的负面评价。除了自我反省，内侧前额叶皮质还负责思考自己的感受。我们总是同孩子讲要识别自己的情绪，并且对其做出反应，但如果内侧前额叶皮质出现变化，那么孩子就很难识别自己的情绪了。

幸运的是，总体上看这些大脑变化并不是永久性的。正确的方法能够帮助受损的部位得到修复。本书将讨论这些方法供读者选择。

精神疾病是新事物吗？

有人认为，精神疾病是新事物。大多数人可能在近几年才听说精神疾病，所以认为它是新兴事物。实则并非如此。尽管历史上的作家们没有使用现在的这些专业术语，但他们记载的病症与我们所说的精神疾病非常相似。以下是一些历史记载：

- 印度史诗《罗摩衍那》中谈到了现在所说的焦虑和创伤后应激障碍。它写于7000年前，比西方早期有关精神疾病的著作早了近4000年！

- 《圣经》中以利亚的症状正是我们今天所说的抑郁症，而《圣经》写于大约2500年前。"他（以利亚）来到一棵罗腾树下，坐在那里求死：'主啊，我已经受够了，求你取我的性命。'"（《列王纪上》19:4-5）

- 西方医学之父希波克拉底（公元前460—公元前370年）也曾描写过抑郁症的症状。例如："……症状有厌食、沮丧、失眠、易怒、不安；她变得忧郁了。"

- 1621年，罗伯特·伯顿出版《忧郁的解剖》（*The Anatomy of Melancholy*）一书。书中的忧郁实质上与抑郁同义，因此早在17世纪便有了有关抑郁症的科学类著作。自首次出版以来，这本书便经常加印。

- 亚伯拉罕·林肯被称为美国最伟大的总统，在美国奴隶制的废除中发挥了重要作用。林肯一生中的大部分时间都在经受抑郁症的折磨。约书亚·沃尔夫·申克（Joshua Wolf Shenk）曾在《林肯的忧郁》（*Lincoln's Melancholy*）一书中提及此事。申克认为，可能正是抑郁症的痛苦经历赋予了林肯对奴隶的强烈同情。

- 1861年，维多利亚女王在丈夫阿尔伯特王子去世后，陷入了抑郁的情绪深渊。在恢复了一段时间之后，抑郁症在她的晚年又卷土重来。从那之后的很长一段时间里她几乎只穿黑色的衣服。

- 肯尼斯·格雷厄姆的《柳林风声》（*The Wind in the Willows*）（1908年）中提到一位蟾蜍先生，他既沉迷于汽车，又有极端的情绪波动，这与现如今的双相情感障碍的症状十分吻合。

- 《小熊维尼》（*Winnie the Pooh*）（首次出版于1924年）中的屹耳也表现出抑郁症的症状。

一个特别有趣的现象是，在 20 世纪初期，许多儿童读物中的人物都表现出精神疾病的迹象和症状。这些儿童读物中的精神疾病基本上都被设定为故事线索，用来教会小朋友们什么是友情和同情心。这一阶段的儿童读物主要是为了培养儿童的性格和品德。

以上只是大量有关精神疾病的历史记录中的一小部分。尽管这么多年以来，精神疾病的相关术语与人们对精神疾病的理解认识已经有所改变，但精神疾病的患病经历自古有之。

精神疾病的发病率显著上升

有一种观点认为，精神疾病的发病率并未发生明显变化，仍与以往一样，现如今，精神疾病患者看上去更多了只是因为我们的诊断技术在不断进步。没错，诊断技术确实有很大提升，但研究人员普遍认为，精神疾病的发病率确实比以往激增了。

相关研究大多来自北美，但许多国家也出现类似情况，甚至是以前被公认为精神疾病发病率很低的国家也出现了一定增长。以下研究结果是不同时期的精神疾病发病率，并非完全按照时间顺序连贯排列，但总体而言，这些研究数据显示出精神疾病发病率的显著上升趋势。

最初有一项流行病学责任区（Epidemiotogical Catchment Area，简称 ECA）的研究，发表于 1978 年，重点关注的是美国人口精神疾病的历史发病率，该研究对近 9500 名成年人进行了访谈。研究发现，在 1905 ~ 1925 年间出生的被调查人群中，有 1% 的人曾患过抑郁症；而在 1950 年出生的被调查人群中，这一比例上升至 9%。

让·特温格教授在青年发展研究领域备受推崇，她曾对 1938 ~ 2000 年间的青少年精神疾病发病率进行了研究。结果发现这一期间精神疾病的发病率增加了 5 倍。最新研究则认为，有 26% 的成年人在很多时候都有患上精神疾病的可能。

让·特温格教授的另一份研究报告显示，如今年轻人的紧张焦虑水平比上世纪五六十年代的精神病患者还要高。我们向教师展示这一研究结果时，他们表示十分震惊，但他们同样认为，现在的学生面临的压力水平、焦虑水平都异常地高。

至此我们已经展示了大量研究数据，有时清楚地看到这些数字会对精神疾病的发病率有更清晰的了解。接下来列出的一项研究表明，美国精神疾病的发病率从 2010 年开始暴增，在年轻人（18 岁及以下）中尤为明显。

新西兰每隔几年会对约 8500 名高中生进行一次健康调查，名为"2000 年青年调查"。2001 年的调查结果显示，有 11.6% 的受调查学生表现出抑郁症状。到了 2019 年，这一数字上升至 22.7%。在过去的 20 年中，这一比例几乎翻了一番。

新冠疫情也会导致精神疾病的患病率急剧上升。疫情之前，美国有 8.5% 的人口曾患过抑郁症，在疫情发生后的 6 个月里，抑郁症在成年人中的患病比例为 27.8%，较疫情前几乎增加了 3 倍。重度抑郁症的发病率从 0.7% 上升至 5.1%。主要患病者为 18 ～ 24 岁的青少年、女性、幼儿家长以及低收入人群。

然而，并非所有健康数据都和精神疾病一样呈现出急剧上升的趋势。有大量研究得出了不同的结论。1950 ～ 2016 年间，在大多数工业化国家，心脏病与中风的死亡率至少下降了 75%。那么，为什么大脑的情况反而更糟糕了呢？这究竟是怎么回事呢？

一个可能性是，过去的 500 年中社会发生了巨大变化。人们面对面交流的机会骤减。比方说，现在许多家庭只有 1 ～ 2 个孩子，并且通常同老人以及亲戚分开居住。而在过去，一个家庭可能会有 10 个孩子，而且是几代人共同居住的大家庭。在 16 世纪，一个家庭大约有 20 人。1860 年，这一数字下降至 10 人，而到了现在，一个家庭里平均只有三四人。

儿童与精神疾病

迄今为止，精神疾病的相关著作和研究大多关注成年人与青少年。但令人担忧的是，儿童的精神疾病发病率也正在急剧上升。

美国疾病控制与预防中心（Center for Disease Control and Prevention，简称 CDC）的报告显示，2007 ～ 2017 年间，美国 10 ～ 14 岁儿童、青少年的自杀人数增加了两倍。另一项研究发现，有自杀倾向的儿童比我们想象的要多得多，而家庭冲突是导致儿童自杀的重要原因之一。

词频统计数据显示（见下页表），从 1800 ～ 1985 年，"儿童焦虑症"一词几乎没有在任何书籍中出现过。即使是"二战"过后也鲜少提及。但从 1993 年开始，"儿童焦虑"的词频开始显著增长。

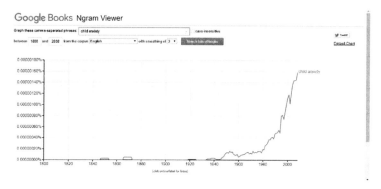

1800～2008年，"儿童焦虑症"在英语出版物中出现的频率

有些人可能认为作者直到最近 30 年才使用"焦虑"这个词，也能解释焦虑症发病率的上升。但如果我们看一下焦虑的表格，会发现这个词自 19 世纪以来被使用了很多次。

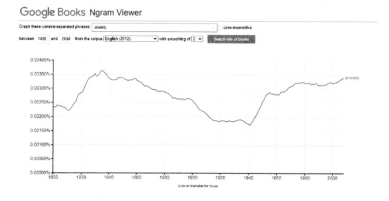

1800～2008年，"焦虑症"在英语出版物中出现的频率

美国 2 ～ 8 岁的儿童中，五分之一出现行为问题或患有精神疾病，6.2% 患有焦虑症，这一数据让人十分震惊。

可能有人会问："研究报告中那些患有精神疾病的儿童能够确定患病吗？会不会他们只是偶尔感到有些愤怒或难过呢？"孩子们害羞、紧张、发脾气都是正常行为。他们还会因为一些小事而感到沮丧难过，比如三明治被切成他们不喜欢的三角形，或者是饮料杯不是他们喜欢的颜色，这对于小孩子来说再正常不过了。

但本书第一章中所描述的那些行为问题（常常发脾气、乱咬乱踢、大声尖叫、暴力行为）已经远远超出了正常儿童行为的范畴。当人们的某一行为对自己或他人产生负面影响时，该行为就会被认为是精神疾病的症状。第一章中描述的行为对孩子自己，对他们的兄弟姐妹、家长、老师等都会造成巨大影响。

想要理解精神疾病的行为表征还要注意将这些行为置于具体的文化语境中。不同文化背景下的孩子在行为接受上可能存在较大的文化差异。比如，孩子对家长说"我恨你"这件事，毛利人通常要比欧洲人更重视。但我们描述的那些行为并非文化差异，而是孩子沮丧、恐惧或痛苦情绪的征兆。

许多人不理解孩子有什么可沮丧的。他们没有购房租房、工作生活的任何压力。其他章节会谈到，幼儿会患上精神疾病其实有很多原因，比如缺少自由玩耍时间、创伤经历以及睡眠不良等。

☺ 小结

　　本章希望读者能够了解，有关精神疾病的记载要比我们想象的早得多，精神疾病是真实存在的，许多人患有或曾经患有精神疾病，它的发病率也越来越高。后边章节将会探讨精神疾病会给患者带来怎样的影响。

　　阅读本书时，可能你会想知道自己是否患有精神疾病。这类疾病可能会在家族中遗传，第一次了解到这一点时可能会忐忑不安。但要记住，尽量找专业医生进行诊断，获得专业治疗有助于病情的缓解和改善。我们绝不鼓励大家自行诊断。

　　相信现在大家对精神疾病已经有了更多了解，接下来我们开始探讨一类十分常见的精神疾病——焦虑症。

焦虑症如何影响身心

"除了痛苦，焦虑还能带给你什么？"

——托马斯·肯皮斯，宗教作家

　　有观点认为，本书第一章描述的儿童行为只会发生在经历长期严重虐待的孩子身上。毫无疑问，经历创伤肯定会引发这些行为，但也需要注意，创伤并非唯一原因。我们观察到，尽管许多孩子生活在充满爱的家庭中，也没有任何创伤经历，但有时也会出现攻击性、破坏性行为。很多情况下，这一行为其实是由焦虑引起的。

应激反应

想要了解何为焦虑，需要先认识到人类在遭遇重伤或濒临死亡时的反应。毕竟生存下去是人类最基本的目的。

人们常认为恐惧属于不良情绪，但事实并非如此。恐惧情绪有其积极作用。恐惧是我们在感受到危险时的一种警示，因此在某些情况下，我们需要感受到这一情绪。比如，你正走在大街上，一辆大型汽车向你驶来，这时你会希望自己是有恐惧感的。因为你不会想要身体再花时间去仔细打量这辆车，你只想要身体意识到这辆车可能会要了你的命。

遇到这种情况，需要身体立即启动应激机制。几毫秒的延迟都可能决定生死。身体做出反应时，会激活交感神经系统，大脑随之向肾上腺发出信号，使其释放应激激素。肾上腺就在肾脏的上方，肾脏位于身体的中间部位，这个位置十分有利于激素的输送。如果肾脏位于身体的头部或脚部，那么激素就需要更长的时间才能输送到全身。而位于身体的中间部位，则意味着激素可以尽快发挥作用。由此来看，应激机制会将肾上腺素、去甲肾上腺素和皮质醇输送至全身，让身体做好行动准备。

肾上腺素、去甲肾上腺素和皮质醇能够：

· 使呼吸频率加快，让身体获得更多氧气，为身体制造更多能量。

- 使心跳加速，让氧气可以到达全身各个部位，使身体有足够的能量进行攻击或是逃避。
- 使肌肉更强劲，有更多力量战斗或逃跑。
- 使瞳孔扩张（虹膜向后退缩，让更多的光线进入眼睛），视力更灵敏。
- 使体内葡萄糖水平升高以获得更多能量。
- 使消化系统运行停滞，把所有能量都用来维持生命。激素刺激肠道和膀胱，身体会更轻盈，行动会更快（这就是为什么焦虑症会伴发尿失禁或腹泻的原因）。
- 使唾液分泌停滞。危险情况下，为了生存就顾不得进食，因此也就不需要分泌唾液以便于吞咽（这就是为什么许多人在公开演讲之前会感觉口干舌燥的原因）。

身体的应激机制会在人们意识到自己处于危险状况之前先行启动。史蒂芬·波格斯博士（Stephen Porges）提出"神经觉"一词，意味着大脑通过无意识反应来侦测威胁。神经觉虽能够使人快速侦测环境，但却不一定准确。假设你身处丛林之中，听到树叶沙沙作响，发出声音的可能是只猛虎，也可能是只小鸟。等待和判断错误都可能让你付出生命的代价，因此环境侦测需要异常灵敏，这也就意味着它不一定会精准。

应激机制是一个强大的系统，当身体面临危险时，它可以保护我们不受伤害。身体应激机制主要包含以下五个反应行动：逃跑、战斗、集群、冻结和晕倒。

逃跑反应

被狮子、熊等凶猛动物袭击时，通常走为上策。如果动作够快，逃跑肯定是最佳选择，因为与其战斗很可能身受重伤。前面提到的那些激素会使身体的力量得到更加充分的发挥，让人能够跑得更快。

战斗反应

无法逃跑的情况下，可以先尝试击退捕食者的进攻。和逃跑反应道理一样，激素的分泌会使身体爆发出更强的力量。"歇斯底里之力"描述的就是肾上腺素水平超高的人，他们拥有超出常人的力量，能够完成超人般的壮举。经常有报道称有人能够凭一己之力抬起汽车，例如 2015 年，谢伊·海慈徒手抬起一辆汽车，救出她被困的孩子。

集群反应

集群是指人们会倾向于靠近自己熟悉并且深爱的人。比如孩子可能会为了与父母在一起而逃学，这一行为中就包含了逃跑反应与集群反应。在群体中，面对强大的敌人时，人们为了生存，就会采用"抱团"行为，这也是集群的表现。通常情况下，人数越多就代表着越安全，因为在场的人越多，御敌的人也就越多。

冻结反应

交感神经系统能够增强并加快应激反应，而副交感神经系统刚好相反，它能够减慢应激反应。若是分辨不清这两者，就记住副交感神经系统就像是一个降落伞，能让你逐渐慢下来。比如说在血流不止的情况下，你肯定不想让出血速度过快，因此为了止血，身体会放慢速度以减少能量消耗，甚至可能会慢到无法动弹。

许多动物在遭遇攻击时会全身僵住一动不动。某些动物会把伪装死亡作为一种生存策略。捕食者若是认为猎物已经死亡，就会放弃捕食。因此在面对动物攻击时，一动不动也是个好办法，因为有些动物只能注意到运动中的物体，所以只要你不动，它们就无法追踪到你。

冻结反应或许在应激反应中最为常见，高达 70% 的人在经历地震时会表现出冻结反应。冻结反应还有其他表现形式。很多性侵受害者都会说："我当时就是动弹不了，是我的错。"被侵害者认为自己是懦夫，但实际上，这是一种无法控制的生理反应。

我们所说的冻结主要强调身体静止不动，并非与寒冷有关，但需要指出的是，一些焦虑症患者确实也会经常感到寒冷。面临威胁时，身体会将四肢的能量转移至大脑、心脏和肺部等重要器官。因此，焦虑的人往往有体温调节障碍。

晕厥反应

晕厥是冻结反应的一种极端表现形式。在某些情况下，身体会暂时关闭机能系统，通过晕厥来保护你。这就能够解释为什么有些人看到针头或血液时会晕倒。

多重迷走神经理论

史蒂芬·波格斯博士在生理学和心理学研究领域极负盛名，他对如何使人充满安全感进行了大量研究，并提出了多重迷走神经理论。这一理论对于抚平创伤极为重要，因为该理论正是关于如何让人平和且安心。

顾名思义，多重迷走神经理论与迷走神经有关。迷走神经从脑干向下穿过脊髓，与呼吸、消化等系统的重要器官相连。迷走神经正常发挥调节作用时，会使身心处于平静、安全的状态，同时也有助于建立积极的关系。但一旦迷走神经受到刺激，身体便会进入应激模式。

波格斯博士的研究发现，老虎低吼声等捕食者的声音会使应激反应系统进入恐惧和惊慌状态。这类声音会警示我们自己正处于危险中，因此要启动应激反应模式。由此引发的问题是，现代社会中有许多声音听上去与老虎低吼声一模一样，比如空调或电脑在使用时所发出的嗡嗡声。这些声音原本并无危险性，但迷走神经可能无法分辨，错误开启应激反应系统。也就是说，这些声音会导致人们应激反应的失调。

何谓焦虑？

焦虑是面对危险时的一种恐惧反应。就好比面包烤焦时，烟雾报警器会响同样的道理。危险来临之前，人们就开始感到焦虑。大脑通常与烟雾报警器一样，并不擅长识别威胁生命的紧急情况是否真的会发生。

许多人都很怕发表公开演讲，演讲时会感到担忧和不安，即使公开场合发表演讲几乎不会对身体造成任何伤害。虽然从逻辑上来说，人们清楚地知道自己处在一个安全环境下，但在感觉上却并非如此。要知道，焦虑的人反应过度也并不是有意为之。问题在于大脑将安全情形错误地理解成了一种威胁性信号。人们是无法控制这种情况的。因此，安全与安全感是有本质区别的。

神经功能受到影响时，才会构成精神疾病。例如，飞机航行过程中遇到颠簸，人们会感到紧张，这不是焦虑，而是正常现象。但由于紧张不安而无法乘坐飞机，就是焦虑的表现了。

在成年人语境下讨论焦虑症时，需要将其与单纯的恐惧区分开来。打个比方，如果某人因对蜂蜇严重过敏而害怕蜜蜂，这就不是焦虑，而是基于理性的恐惧，因为对他来说，蜜蜂可能威胁到他的生命。而焦虑是对并无生命威胁的事物感到恐惧，因为大脑会告诉自己这些事物是有威胁性的。社交媒体上流传着这样一句话：若是无法控制事情的发生，就尝试控制自己对这件事的反应。听上去虽然很有用，但并不适合焦虑症患者。身体激活逃跑、战斗、集群、冻结或是晕厥机制，几乎仅需要百分之一秒。而在这之前我们并没有时间和机会去控制自己的反应。因此，控制自己反应的方法，对焦虑症患者不会有任何帮助。但通过药物或心理治疗，可以帮助人们缓解过度反应。

焦虑的不同类型

广泛性焦虑障碍

焦虑症分为很多类型。广泛性焦虑障碍一般是在没有明显诱因的情况下，患者感到担心和恐惧，并且这种焦虑持续的时间比较久。患者外出时可能会担心自己走失，或是遭遇车祸；在家又可能会担心家中发生火灾。

特定恐惧症

特定恐惧症是指患者对于特定事物具有恐惧感，比如蜘蛛、乘坐飞机或是公开演讲等。但他们在接触这些令自己恐惧的事物之前一切正常。

强迫症

强迫症属于焦虑障碍的一种类型，患者表现出一定的重复行为。比如孩子离开房间前必须重复开关灯 20 次，或者检查门锁 10 次，那他很可能患有强迫症。

不重复这些行为，有些患者就觉得会有不好的事情发生在自己或家人身上。有些人不愿进公共场所的卫生间，因为他们害怕病菌。一些有洁癖的人也害怕病菌，他们认为打扫房间就是在清洁自身。

恐慌症

恐慌症，又叫惊恐发作，是焦虑症中最为严重的类型。发病时，患者会突然出现极端恐惧心理与失控感。发病时的表现与心脏病发作极为相似，患者会出现严重的胸闷、呼吸困难等症状，且伴有濒死感。当不确定是心脏病发作还是惊恐发作时，一定要找专业医生进行检查。

试图帮助患者时，可以对他说："我明白你很害怕，你可能是惊恐发作，我们来尝试做下深呼吸。"患者甚至连正常呼吸都很困难，因此需要一遍一遍地对他重复这些话。哪怕出现一点好转，也要尽可能对患者表示赞扬："我理解这非常困难，但你真的做得很好。好的，我们再来做一次深呼吸。"和患者一起做深呼吸能够给予他们很大帮助，因为他很可能会模仿你的呼吸动作。通常情况下，患者发病时间可能会持续 10 ～ 20 分钟，所以帮助患者时要有耐心。

需要注意的是，当患者是儿童时，你肯定会更加担心，但你要控制好情绪，你的情绪越平静，语速越慢，患者就会越快好转。

电话焦虑症

大家可能会对电话焦虑症感到陌生。其实许多人都会感觉打电话是件难事。他们不知道该说些什么，会紧张到想要挂断电话。许多有关精神疾病的文章结尾处会列有一长串的热线电话，但对于有电话焦虑症的人来说，则无法获得所需的帮助。因此建议除了电话号码外，文章结尾处还可以给出短信号码和电子邮箱。重要的是，这能让尽可能多的人获得帮助。

焦虑改变我们对世界的看法

对焦虑的人来说，世界是非常可怕的。普通人会觉得在小区附近散步很愉快，但对患有广泛性焦虑障碍的人来说，散步时会一直担惊受怕，根本不会感到愉快。他们可能担心钱包会丢，手机会没电，自己会迷路回不了家，或者是遇到袭击。焦虑症患者的世界令人恐惧，并不快乐。

患有焦虑症的人在所有事情上都容易过度思考。跟朋友见完面，他们可能会胡思乱想到凌晨3点，把聊过的每件小事都想一遍，思索自己是不是说错了什么话，会不会冒犯到谁。焦虑症患者入睡十分困难，因为他们的思维总是保持活跃状态。

而思维想活跃往往又会导致他们容易感到疲惫。

研究人员注意到，焦虑症患者大多会表现出抑郁症状。如果一直惧怕不好的事情会发生在自己身上，那么出现抑郁情绪一点都不意外。

思维不受控

焦虑症患者的思维极易失控。当某一科目考试失利时，实际上我们完全可以通过其他科目的考试成绩来弥补。但焦虑症患者不这么想，他们会觉得这一次失败会导致其他所有科目的考试都失败，这就意味着他们再也无法找到工作，最终会居无定所。

有些患者会对自己患有焦虑症这件事感到焦虑。参加聚会前他们会想，自己可能会在聚会上病情发作，处境会十分尴尬。因此，他们甚至都不需要身处情境之中，只是想到这些就会感到焦虑。

焦虑症患者在发病时，容易做出一些愚蠢的举动，事后又会十分懊悔。下面这个故事发生在几年前的美国。有个人到加油站去加油，看到油箱口上趴了只蜘蛛，他本来就很怕蜘蛛，于是拿出打火机把蜘蛛点燃了，当然同时被点燃的还有汽油和油枪。从逻辑上来看，这件事确实做得很愚蠢，但他的行为完全不是出于逻辑思维。在看到蜘蛛的那一瞬间，他的脑海里就只有生存这个念头。人们在极其焦虑的时候，是很难做出正确决定的。

焦虑症可以治愈吗？

好消息是，焦虑症是可以被控制和治愈的，经过干预和治疗，焦虑症的所有症状都能够减轻，甚至是完全消除。本书中就介绍了很多能够帮助到焦虑症患者的方法。

小结

本章讲述了人体面临威胁时的各种反应，以及焦虑症患者的主要症状表现。希望这些知识让你在面对困扰时，能够换个角度看待问题。

读完本章内容，可能你会觉得自己已经能够为自己、家人和朋友诊断精神疾病了。千万不要这样做，你可能会把事情搞得更为复杂。举例来说，抑郁症患者通常会易怒、有疲倦感和记忆障碍，但这些症状也有可能是由大脑损伤引起的。因此，必须找到有资质的医生做出专业的诊断，这一点非常重要。

第十八章

儿童与焦虑症

"儿童是我们最宝贵的资源。"

——赫伯特·胡佛，美国第 31 任总统

儿童焦虑症的患病率正在逐年上升，且速度惊人。在"与情绪有关的精神疾病"一章中，词频统计数据显示，"儿童焦虑症"一词直到 20 世纪 90 年代初期才开始出现，而此后的 30 年中，该词的词频增加了 7 倍。

上一章内容探讨了焦虑对成年人的影响。那么儿童焦虑的时候会是什么样呢？儿童的大脑尚未发育成熟，他们无法像成年人那样，可以识别并表达自己的情绪。如果一个人在恐惧、沮丧或担忧时，不知道该如何谈论或表达这些情绪，你觉得他会怎么样？而这是许多孩子都会经历的。一旦情绪不能被表达，就会转变成孩子的行为问题，比如大发脾气、大喊大叫、乱咬乱踢、用头撞人或者干脆逃跑等。

大人往往会把孩子踢人或尖叫等行为看作是调皮的表现，事实却并非如此，他们的反应更有可能是出于恐惧心理。在具体的事例中，孩子以为刷牙会使牙齿脱落才不愿意刷牙，家长觉得孩子发脾气是因为淘气，可实际上孩子只是因为害怕。

成年人的焦虑情绪，涉及更多的是非理性的恐惧心理。比如害怕乘坐飞机的成年人，其实他们内心深处知道坐飞机并不像他们想象的那样危险，但他们仍然会感到害怕。那么，儿童是否知道自己的恐惧是不合理的呢？这仍然是一个颇有争议的问题。我们接触过一个不愿意如厕的孩子，他认为上厕所的时候内脏会被排出身体——即便告诉他这不是真的，他也不太能够理解。对他来说，坐在马桶上的时候内脏会排出来这件事，给他带来的恐惧感十分真实。建立起复杂的世界观往往需要很长的时间。因此，儿童心中的恐惧，大都不是非理性的，而是对于现实的恐惧。正如我们反复提到的，所有行为的目的都是交流。我们需要明白的是，孩子们只不过是在以他们唯一知道的方式来表达他们的恐惧。

接下来，让我们看看对应成人的五种应激反应——儿童的反应行为。

儿童应激反应

逃跑反应

我们往往会把孩子的逃跑反应看作是调皮的表现。但实际上我们应该先问问他们为什么会出现这些反应。大多数情况下，他们只是因为害怕，而不是调皮。可能有时候他们就是不想待在当下的某个地方，那里可能会有让他们不舒服的东西，因此他们不得不跑开。我们没注意到，不代表让孩子不舒服的东西就不存在。

在 298 青年健康中心时，我们曾遇到过一个女孩，她在学校时会跑着撞向墙壁。学校老师们都觉得她的行为既幼稚又荒唐。有一天，她又用力撞向墙壁，结果自己晕了过去。她这么做也并非蓄意为之，而是由于患有焦虑症，一心想要逃离对她有威胁的地方。

战斗反应

几年前，迈克尔曾受邀去一所学校。他在操场看到一个女孩走到其他孩子面前，毫无理由地对他们拳打脚踢。迈克尔同她坐下来，了解她的情况。他问道："你会经常感到担忧吗？"

女孩说："我总是这样。"

迈克尔又问道："那晚上睡觉的时候，这种感觉会消失吗？"

女孩说："不行，我做不到。"

没人注意到，其实她患有严重的焦虑症。

焦虑症患者会觉得身边所有人都会威胁或是伤害到他们。因此，患者会主动攻击他人，他们认为这是一种自我保护。儿童的战斗反应表现为踢打、咬人、抓挠、乱扔物品等。

集群反应

某些情况下，儿童的逃跑反应与集群反应会同时出现。有些孩子可能会试图跑回家或者去找能带给他们安全感的人。

冻结反应与晕厥反应

还有些孩子在特别焦虑的时候会表现出冻结反应或晕厥反应。尽管这种情况很少见，但也时有发生。

身体反应

以前，人们普遍认为，精神疾病只会影响精神层面，不会影响身体健康。但事实并非如此。大脑通过脊髓与身体相连，脊髓将身体各部分信息传递给大脑，再将大脑指令传回身体各部分。17 世纪时，哲学家笛卡尔曾说，心灵和肉体是分开的——直到最近三四十年，医学界才开始意识到这是个错误。孩子说自己肚子疼时，我们总是以为他们在撒谎，觉得他们只是想要逃避自己不想做的事情。但是肚子痛很有可能是精神疾病的症状。除此以外，孩子焦虑的表现还有尿失禁、腹泻以及呕吐等。

发现这些症状的共同点了吗？那就是都与消化系统有关。

交感神经系统被激活时，消化系统速度会减慢。有理论认为，身体想把更多的能量用于维持生命，所以它会放慢一些不必要的过程以保存能量。比如被老虎攻击时，身体并不需要消化任何食物，因此消化速度会减慢。消化过程会占到人体总能量消耗的 5% ～ 15%。人们处于危险时，身体会将这些能量优先调用来挽救生命。因此，焦虑症患者肚子痛，并不是出于想象或者撒谎。还有理论表明，人在恐惧时，身体分泌的肾上腺素经由其他神经的调节，会使肠道肌肉松弛，引起肠道排空，导致恶心、呕吐、腹泻和尿频等症状。因为身体在排空状态下，人可以更快地逃跑。

有时候孩子总想去厕所，我们会觉得他们就是想要逃避。但如果是患有焦虑症的孩子，他们可能是真的需要去厕所。如果因为他们刚去过厕所，就不允许他们再去，会使他们更加焦虑，他们担心自己会尿裤子。

消化系统涉及胃、胰腺、肝脏、小肠、大肠、直肠、膀胱和胆囊。肾脏负责清除人体消化过程中产生的废物。

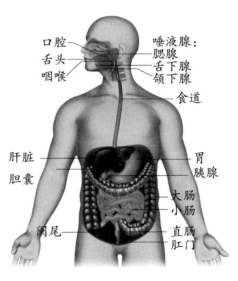

口腔
舌头
咽喉

唾液腺：
腮腺
舌下腺
颌下腺

食道

肝脏
胆囊

胃
胰腺

大肠
小肠

阑尾

直肠
肛门

消化系统

焦虑情绪会放慢这些器官的工作，使人身体产生不适。

健康饮食常被广泛谈论，但食物的消化却鲜少提及。大量研究发现，患有精神疾病的儿童往往营养不良，其背后原因值得我们关注。孩子长期处于焦虑状态，会影响到他们的消化功能。

由于焦虑症患者总是感觉身体受到威胁，因此他们体内的皮质醇水平比正常人要高。科学家们发现，皮质醇水平越高，人们的患病风险就越大。

同时还需要了解一点，儿童本身就比成年人更容易生病。大多数成年人每年感冒 1～4 次，儿童则为 5～6 次，所以需要记住正常儿童发育状态下的这一状况。

焦虑与学习

焦虑症的最大问题之一是，它会干扰人们的记忆。人在焦虑时，大脑根本无心记忆学校或是老板的要求，它只想专注于威胁自己生命的事物。因此，焦虑症对在校儿童的影响很大，极度焦虑的学生甚至都无法正常学习。大多数国家在教育上投入巨大，如果患有焦虑症、无法正常学习的儿童数量过多，从长远看，会导致大量资金的浪费。

爱问问题？

有些患有焦虑症的儿童会一直问问题，比如"什么时候出门？""还有谁会在那里？""我应该穿什么？""会有多少人在？""有我认识的人吗？"问问题说明他们对接下来将要发生的事情感到担心，这么做可以给自己增加一些安全感。

 小结

如今，越来越多的孩子正在经历重度焦虑。我们亟需了解焦虑症对儿童的影响，以及应如何合理应对。希望本章内容能够让你对孩子的行为问题多些共情与理解。儿童表现出行为问题，不仅仅因为焦虑，下一章我们会介绍压力对人的影响。

压力对情绪的影响

"被情绪裹挟的瞬间，人们便捂起耳朵，审判众人。"

—— 塔里克·拉马丹，作家

我们经常会混用"压力"和"焦虑"两个词。尽管"压力"与"焦虑"会引起相似的行为反应，但它们是两种不同的概念。焦虑通常是由对事物的恐惧引起的，而压力往往是因为不堪重负。在焦虑情绪下，人的消化系统会关闭，不想吃东西，而压力大的表现却与之相反。压力水平过高时，人们反而会通过进食来缓解情绪。

压力状态下，儿童可能会表现出攻击性行为，成年人容易脾气暴躁，无法冷静、理性地应对问题，有时候身体还会有一定的攻击倾向。比如电脑坏掉时，我们会产生把它扔出窗外的

冲动。

压力并非都是动力

英文"stress"一词并非医学或心理学的专业术语，它来自工程学，意为"应力"，指物体结构内部各部分之间产生的相互作用力。适当的应力是有好处的。用鲜切的意大利面来建造楼房，势必会倒塌，因此需要适当的应力使建筑物保持直立。冬日积雪过多会导致屋顶发生坍塌，这说明当应力过大时，物体就会损毁。

对身体而言，压力也并非一无是处，适度的压力有益健康。过度的压力会导致免疫功能衰退，而适度的压力却能够提升免疫力，有助于伤口愈合，避免疾病感染，还能够抑制肿瘤生长。

因此需要认识到这一点：不是所有的压力对我们都有负面的影响。适当的压力对人们有积极的影响，压力过大则有害身心健康。

- 参与竞技运动的人都会感受到压力，但这是一种适度压力，许多人在运动后不仅觉得身体充满了活力与能量，还有极大的满足感。
- 房租到期、无法支撑家庭开销则会给人带来过度的压力，产生一些类似焦虑症的症状。

- 身体分泌肾上腺素后，会产生急性压力反应，让身体做好战斗或逃跑的准备。同时还会出现心率加快、呼吸加速，肠道活动减慢，胃部、肠道以及膀胱的排空等现象。
- 慢性压力更多由皮质醇水平过高引起，不但会抑制免疫功能，还会减缓新陈代谢。

持续的压力会给人体带来损伤。加博尔·马泰在《身体会替你说不》（*When the Body Says No*）一书阐述了长久、过度的压力对身体的负面影响。他提到，压力会引起或是加剧背痛、视力下降、癌症等疾病。他以取悦他人的人为例来解释这一点。这类人总是将自己置于高压之下，在讨好别人的过程中，自己的身体往往会出现严重的健康问题。其实这是身体在对他们说："够了！我受不了了！"

压力对大脑的影响

一般来说，当人们压力过大时，大脑能够吸收的信息量要比正常情况下少得多，看待世界的视野也会随之变窄。他们理解复杂信息与他人话语的能力往往会减弱，倾向于只关注眼前的问题。

1973 年的"好撒马利亚人实验"，能够很好地解释压力如何导致大脑避开某些事情。该实验选择学生作为受试者，并将他们分为两个小组，要求他们在进行天主教布道前须接受相关的讲座培训。培训的内容是《圣经》中一则著名的寓言故事"好撒马利亚人"，该寓言的主要意义是鼓励大家要乐于助人。第一组学生没有听完就被要求前往下一场讲座，而第二组学生则是听完了讲座，再赶往下一场。研究者在两组受试者经过的途中均设置了一个受伤瘫倒在地的路人。结果发现，当学生们时间充足时，有63%的人会停下来提供帮助；而如果时间紧迫，就只有10%的人愿意帮忙。

讽刺的是，许多学生刚刚花了一个小时听了一场有关乐善好施的讲座，但紧迫之时，人们却无暇他顾，避开了一些重要的事情。他们更专注于自己，而忽略了旁人的需求。

对孩子来说，如果生活中有太多压力，他们的大脑就会"失智"，在情绪上"失控"。

被动式压力

现在的孩子无形中被动承担了很多压力。"学前准备""超前教育"的出现，让专业学习呈现越来越低龄化的趋势。儿童在进入学前教育阶段之前，就要被剥夺玩耍的权利，学习超过他们年龄的知识，掌握数学技能以及语文词汇等等。

社交生活和多媒体的出现，也给孩子带来很多压力。现代人每天在社交媒体上看到的广告，交流的人数，比20世纪的人要多得多。人在看到新面孔时，大脑中负责处理恐惧的杏仁核的活性会升高，产生恐惧不安的情绪和持久的压力。

任何持续性的压力都会给人体带来损伤。如果在亲子关系中，孩子总是处于讨好父母的状态下，他就会有持续的压力，情绪和身体上也会更容易产生影响。

可传染的压力

"嗅觉安抚"一章中曾提到，压力可以通过气味传染；同时也提到对第一次跳伞的人做的一项研究，要求他们在初次跳伞时，腋下放一块吸汗衬垫。由于是第一次跳伞，因此他们都很紧张。接下来，研究人员让经过充分休息、情绪稳定的受试者使用喷雾器去闻这些收集来的汗液。研究人员对这些受试者的大脑进行了扫描，发现他们的杏仁核与海马体活性均被激活，这两个部分在大脑中负责处理压力和恐惧情绪。

也就是说，人们不需要经历任何压力事件就会感受到压力，与有压力的人在一起可能就会给自己带来压力。过去20年，成年人的压力水平急剧升高，如果成年人总是压力很大，那么他们很可能会把压力传染给孩子。

将理论付诸实践吧！

需要注意的是，每个人对压力的感受是不同的，一件事情对某个人造成压力并不一定会给另一个人也造成压力。比如，我和迈克尔在公共场合演讲不会感到紧张，但很多人在做这件事情的时候却会觉得"压力山大"。

想想孩子正面临什么样的压力？他们承受的压力是适度的，还是过度的？压力是可以累积的，如果孩子面临 20 件有压力的事情，即便每件事情给他的压力都不是很大，但加在一起，也会把人压得透不过气。

成年人不能用自己的世界观来看待孩子们面临的压力。对你来说，还贷或者房租是压力，而对孩子来说，课业、交友、体育训练等事情带给他们的压力，同成年人面临的还贷压力没什么不一样。所以，当孩子说自己感到压力很大的时候，我们需要相信他们。

同时，还要试着帮助他们解决困难。如果孩子觉得上烘焙课很紧张，家长可以花些时间帮他们在家复习一些基本知识，比如配料的计算。通常情况下，经过反复练习后，孩子会更加自信，压力自然就小多了。

如果克服这些困难还是无法减轻孩子的压力，那么就需要考虑他们的压力是否来自生活。他们是否有必要在每天放学后还要参加课外学习。周一网球，周二芭蕾，周三防身术，周四体操，周五高地舞，许多小学生每周有五天晚上都有固定的活动项目。为了减轻孩子的压力，正确的做法是，只保留他们喜欢的活动，留给他们一些自由放空的时间。

☺ 小结

　　拥有一定抗压能力的成年人，在面对压力时都会觉得喘不过气来，情绪不稳定，更何况是孩子。所以，在安抚孩子情绪时，一定要考虑孩子当前是否处于压力环境中。

创伤：关于童年阴影这件事

"培养一个健全的孩子，比修复一个破损的大人容易得多。"

—— 弗雷德里克·道格拉斯，政治活动家

几乎所有的父母都希望孩子能在充满爱的环境中成长，不会受到任何创伤。但遗憾的是，世界并不是完美的，很多孩子都会经历创伤。一提起童年创伤，人们难免会想到性虐待，没错，这是创伤中很极端的一种，但其实像自然灾害、严重疾病或是校园霸凌也会给孩子造成创伤。儿童出现行为问题，有非常多的原因，但创伤可能是比较重要的原因之一。因此，我们还是需要提前了解一些创伤方面的内容。

创伤后应激障碍，无法忘却的伤痛

创伤后应激障碍，是因患者经历了显著的创伤事件所引起。对于创伤后应激障碍患者而言，创伤经历并不是回忆发生的事情，而是再次体验曾经的创伤情境，让自己感觉像是在反复经历创伤事件。在这种反复体验的过程中，闪回的通常不仅是画面，患者还会经历一次又一次的身体创伤。受过虐待的儿童可能会经历许多个创伤事件，他们可能不会反复体验每一个事件，但他们的身体会留下印迹，时刻保持警觉状态。

对成年人来说，即便创伤事件发生在 50 年前，他们仍然会记忆犹新，因为创伤记忆不会随时间被淡忘，而这也是人们无法克服创伤的原因所在。经历过创伤的人，身体似乎长期停留在危险预警状态。虽然许多人可能并未被最终诊断为创伤后应激障碍患者，但他们在经历创伤性事件后也会出现过度警觉、紧张不安的状况。

值得注意的是，许多经历过创伤事件的人对噪声、气味、光线或快速移动的影像非常敏感。即便是最轻微的一次创伤性事件，也会形成身体的一个触发器。

我们认识一位年轻的女性创伤后应激障碍患者。她的哥哥在一场重大交通事故中丧生，而事发当时，她与哥哥一同坐在车中。此后，她被诊断患上创伤后应激障碍，并且时常表现出闪回症状。她以为这些闪回只是随机的、无缘由的。后来，心理咨询师让她写下所有闪回发生时的周边情况。最后发现，只要身边有皮革制品，她就会出现闪回。这位患者在发生车祸时坐在汽车后座，车祸发生时，她的脸撞到了前面的皮革座椅上，于是大脑将皮革与危险联系在了一起。皮革制品在生活中随处可见，皮衣、座椅、钱包、皮包、皮鞋、皮带，所以可以想象到女孩的生活因此遭受了多大的困难，她甚至不敢踏出房门。后来，我们使用游戏疗法对她进行了治疗，她对皮革的恐惧才慢慢消除了。

是否错在家长？

人们常常会把孩子的不良行为归咎于家长，但 2017 年的一项研究对 4000 多名儿童创伤后应激障碍患者进行了调查，结果发现只有 5.3% 的行为与父母的养育方式有关。换言之，孩子在患有创伤后应激障碍的情况下，无论是惩罚行为还是忽略边界感，家长对孩子的行为几乎不会产生影响。

创伤如何影响儿童发育

不同的孩子，不同的年龄阶段，经历的创伤影响都不相同。过去，人们认为孩子在童年时期的创伤经历，不会对其造成太大影响，长大后就会被慢慢遗忘和克服。但近 30 年来，大量科学研究结果显示，事实并非如此。尽管儿童不会有意识地记住自己的童年创伤，但如果不进行治疗，这些童年创伤也会对他们产生持久的影响。

即使创伤是发生在有记忆之前，但依然会对孩子的发育产生影响。彼得·莱文在《创伤与记忆》（*Trauma and Memory*）中讲述了小婴儿杰克的故事。杰克出生时经历了三次脐带绕颈，尽管他不可能记得这次创伤经历，但这种出生时的创伤还是对他后来的行为产生了影响。专注于创伤研究的权威专家布鲁斯·佩里博士，在其研究中也表明：与后期的创伤相比，人在两个月大时所经历的创伤会有更加深远的影响。他在其著作《你经历了什么？》（*What Happened to You*？）一书中写道："有些儿童在出生后的前两个月里得到了悉心的照顾与积极的陪伴，但接下来的日子里，他们的世界却崩塌了。他们经历了糟糕的事件、外界的威胁、人生的变化无常，以及创伤等。但尽管如此，比起那些在头两个月经历过忽略和创伤、之后得到悉心照顾的孩子来说，他们的表现也好很多。"

根据患者症状的不同，创伤大致可分为两类：一次性创伤，如车祸；复合型创伤，如长期的身体虐待。虽然大多数时候，长期虐待比一次性创伤的影响更为严重，但现实中总有例外。我们曾接触过一位年轻的男性患者，他曾被恋童癖者抚摸过大腿内侧，虽然没有其他事情发生，但却给他的生活带来了毁灭性的影响。

童年创伤还会通过减缓、阻止大脑发育的方式（当然不是积极的方式），对大脑产生影响。佩里博士与迈亚·塞拉维茨在其合著的《当狗一样养的男孩》（*The Boy Who Was Raised as a Dog*）一书中讲述了一些有严重创伤经历的儿童案例，以及他们治愈康复的过程。佩里博士的研究证明，创伤往往会导致儿童大脑发育缓慢。劳拉是一个 4 岁的女孩，体重严重偏轻，步行不稳，难以使用长句表达，达不到该年龄阶段的发育水平。刚开始，医生对此很困惑，后来才发现是因为劳拉长期没有得到母亲的照顾，心理产生了创伤，大脑和身体也因此停止了发育。

有些儿童在经历创伤后还会出现退行现象。比如，在正常情况下，一个 9 岁的孩子能够表现出良好的自制力、交友能力以及完成有一定难度的家庭作业的能力。但若是经历了创伤，他可能会退行到 2 岁孩子的状态，出现尿裤子、尿床、无法集中注意力、情绪失调等现象。

神经是具有可塑性的。人们的大脑不是一成不变的，它能够发育成长，也可以产生变化。创伤经历会影响儿童大脑的正常发育，经历过创伤的孩子会一直生活在恐惧中，并且觉得所有人都会伤害自己。但大脑的可塑性也会带来其他的可能。不管人们出生时的情况有多么糟糕，大脑都可以向着更加积极的方向不断做出改变和适应，这也是专业医生存在的原因。

童年创伤对一生的影响

我们曾与凯撒永久集团减重中心合作进行过一项名为"童

年不良经历"（Adverse Childhood Experiences，简称 ACEs）的研究，该项研究让我们对创伤有了全新的理解和认识。

这是一个非常庞大的研究项目，研究对象包含了 17500 名美国成年人，开始研究的内容主要是大约 10 种创伤经历，包括：疏忽虐待、身体虐待、性虐待和精神虐待四种虐待经历，家庭中是否存在药物滥用、父母离异或分居的情况，以及家庭成员是否有暴力倾向、监禁或离世等等。后续研究中又加入了其他事项，比如是否亲历灾难等。

研究人员将研究对象的创伤经历与其身体及精神健康结果进行比对，结果显示，经历过童年创伤的人患抑郁症、焦虑症或创伤后应激障碍等精神疾病的可能性更高。

让人意想不到的是，除了精神疾病以外，童年创伤还会增加身体患病的风险。经历过童年创伤的人长大后患肥胖症、癌症、心脏病及其他严重危害健康疾病的风险更大，甚至会导致早逝。很多需要减重的人，在 18 岁之前都有创伤经历，而且至今尚未治愈。

创伤还会破坏人的免疫系统，而其中一个重要原因是，身体在承受压力或认为自己受到攻击时会分泌皮质醇。皮质醇是维持人体生命活动的重要激素之一。遭遇攻击时，大脑会调用所有的能量来保证人此时此刻能够活下来。正常情况下，为躲避攻击，皮质醇仅短暂地发挥作用，因而不会对身体产生负面影响，但长期高水平分泌皮质醇则会抑制、减缓甚至是关闭人体的免疫系统。一旦大脑认为自己正在遭受攻击，它便会将用于维持免疫系统的能量调动至其他部位。因此，维持长期高水平的皮质醇会破坏人体免疫系统，使人们在之后的生活中面临更高的患病风险。

2021 年的一项研究发现，在庞大的数据样本中，比如全国人口样本，"童年不良经历"确实能够预测出健康问题的结果，但在个人层面，这一结果就不见得准确了。经历创伤后，儿童的应激反应会变得异常敏感，即使是很小的事情也会触动他们的敏感神经。我们在 298 青少年健康中心曾认识一位 13 岁的女孩，生活中只要稍有不顺，她就会痛哭流涕。有一次，她因上学迟到了 2 分钟而哭到停不下来，最后足足哭了将近一个小时。老师觉得她有点小题大做了，觉得她得克服自己的问题。最后我们才发现，她的父亲多年来一直对她进行身体虐待。哪怕是犯一点小错误，父亲都会打她，长期的创伤导致她的应激反应持续处于过激状态。

童年创伤还会导致抗压能力下降。经历过童年创伤的孩子更容易进入高警觉状态，情绪上也更易怒。经历过多次创伤的人，则可能出现与高警觉相反的低警觉状况。低警觉是指人们的警觉程度低于正常水平，或者对自己的感觉和情绪没有任何感知。有时候，创伤患者触摸火炉都不会感觉疼痛。他们形容自己"心如死灰"。他们可能会"回避"创伤经历，逐渐疏远身边的人，甚至是一直睡觉。

童年创伤还会扰乱身体信号。国际知名心理创伤专家巴塞尔·范德考克，在其代表作《身体从未忘记》（*The Body Keeps the Score*）一书中指出，创伤会严重扰乱身体信号。他用了一个案例来说明这一点。首先，他让患者闭上眼睛，然后把一个物件（如钥匙或开罐器）放在患者手中，最后让患者猜自己手上的物件是什么。患者往往猜不出答案，因为他们与自己的身体之间没有任何联结。

焦虑会扰乱消化系统的正常工作，创伤也会通过不同方式扰乱人体的消化系统。童年创伤可能会改变人体肠道菌群，影响人体对于食物中营养的消化和吸收。

此处仍须强调，童年创伤之所以会对健康产生负面影响，是因为它没有得到治愈，而有效的治疗手段是能够避免这些负面后果的。网上有一部名为《怒焰狂花》的纪录片，该片的主人公是一位曾遭受生父虐待的小女孩，她脑海中总有伤害（甚至是杀死）别人的念头。人们原本都对这个孩子感到绝望了，认为她根本没有被治愈的可能，但故事的最终结局还是令人欣慰的：在专业治疗师的帮助下，小女孩得到了有效治疗，后来成了一名护士。

皮质醇与创伤

创伤之所以会导致健康问题，一个重要原因是身体在承受压力或认为自己受到攻击时会分泌皮质醇。前面内容曾提到，皮质醇是维持人体生命活动的重要激素之一。一旦大脑认为人体正在遭受攻击，它便会将用于维持免疫系统的能量调动至其他部位。因此，维持长期高水平的皮质醇会破坏人体免疫系统，使人们在之后的生活中面临更高的患病风险。

美国纽约市西奈山医学院精神病学教授雷切尔·耶胡达发现，抑郁症和焦虑症患者体内的皮质醇水平较高，而创伤后应激障碍患者体内的皮质醇水平则相对较低。这似乎与前面的内容相矛盾，但皮质醇除了能够维持应激反应（如战斗、逃跑）以外，还可以关闭应激反应机制。这也就解释了为什么创伤后应激障碍患者需要努力控制自己的情绪，因为他们无法通过皮质醇激素来关闭身体的应激反应。

创伤概率

"童年不良经历"研究还得出了一个惊人的结论：童年创伤的出现概率远远超出人们想象。以前，人们普遍认为童年创伤是十分少见的，但研究发现，居然有高达68%的人至少经历过一种"童年不良经历"。

其他极端创伤情况

创伤成瘾

创伤研究中最棘手的一个问题是许多患者会对创伤上瘾，专业上称这种情况为"强迫性重复"。我们可能会觉得，遭受家庭暴力的人会选择离开所在家庭，但可悲的是，他们大多还是会回到施暴者身边，或是进入另外一段暴力关系中。对他们来说，比起一个安全但未知的环境，他们宁愿留在自己了解并熟悉的高度紧张状态中。

不仅是成人，儿童也存在这种重演创伤的情况。一些儿童在看过暴力视频后，还会在网上继续浏览相关视频。成年人可能会觉得孩子是不是心理"病态"或"扭曲"，但其实这是他们经历创伤后的大脑正在分泌肾上腺素和内啡肽（使人产生快感的化学物质），孩子很可能陷入了对其成瘾的循环之中，所以此时我们更应该对孩子给予同情和理解，而不是一味斥责。

大量研究表明，自残（临床上也称"非自杀性自伤"，Non-suicidal Self-injury，简称 NSSI）常常与童年创伤有一定关联。自残并非只发生在青少年身上，我们看到越来越多的儿童开始表现出自残行为。很多有创伤经历的儿童通过自残来表达自己的痛苦，这时候父母要给予他们更多的关注。必要的情况下，可以找医生帮忙。

自我厌恶

对经历过创伤的人来说，最严重的伤害是对自我身份与价值的认同冲击。经历过严重创伤的人常常会表达他们对自己的憎恨。近年来，旨在培养和提升年轻人自尊的计划举措已有很多。如果创伤是导致自我厌恶的真正原因，那么仅仅通过告诉他们自己很特别来培养自尊、自信是远远不够的，我们要关注的是如何治愈他们的心理创伤，进而重建其自我价值。

替代性创伤

有时候，创伤不仅仅对当事人有影响，还会以其他方式对他人产生影响，这种创伤在心理学上称为"替代性创伤"或"继发性创伤"。曾有研究人员分别对波士顿爆炸案目击者与在电视上反复观看该爆炸案报道的人进行了访谈。结果发现，观看报道的人比目击者的痛苦情绪还要强烈。灾难的亲历者总是说："我只是看到了灾难的一小部分。"但电视报道会让人们看到一个事件的多个角度。通过电视，人们会受到"全方位"的冲击。

智能手机和网络的使用也会对儿童产生类似的影响。手机每天不断地向人们推送创伤事件的新闻报道，让我们每时每刻都面对创伤事件的冲击，而这可能也是越来越多的儿童及成人患有严重精神疾病，或表现出行为问题的原因之一。

以前的人们会认为，在孩子比较多的家庭中，如果女孩遭受性虐待，那么女孩的精神状况会比她的兄弟更差。但研究表明，家中的男孩精神状态也受到很大冲击。对于遭受性虐待的女孩来说，她的创伤更直接，应对起来方向会更加明确——但是她的兄弟们该怎么办？他们了解情况，却帮不上忙，这对他们会有怎样的影响？这一事件可能也给他们带来了极大的创伤。

有些人无计可施，只能旁观，看似没有受到创伤事件的直接影响，但也会发展成为完全的创伤后应激障碍。当然，在上述案例中，创伤对家中的女孩会产生非常严重的影响，此后的所有支持与帮助也通常会给到女孩。实际上，我们有必要关注到家庭中的所有成员。

除了兄弟姐妹以外，还有必要给孩子的父母一些精神上的支持。对于深爱着孩子的父母来说，得知自己的孩子遭受性虐待会使他们无比痛苦。

代际创伤

另外一种极端创伤类型，就是代际创伤。表现遗传学认为，创伤基因是可以遗传的。

蕾切尔·耶胡达教授针对"二战"犹太人大屠杀中的幸存者做过一项研究，发现大屠杀不仅对当事人有影响，其幸存者的子女同样报告了创伤后应激障碍的相关症状，患上创伤后应激障碍的风险也很高。

通过对小白鼠进行的一项实验研究也进一步证明了这一点。研究人员一边对小白鼠进行电击，一边让其闻樱花气味，之后对三代小白鼠进行了跟踪研究。第二代小白鼠从未接触过樱花气味，但当研究人员让第三代小白鼠闻樱花气味时，它们表现出了恐惧。创伤确实会影响我们的基因。人们希望先人将可能致死的信息编码在 DNA 中，一代一代传下来。当然，这种生物记忆也是警示与痛苦同伴，比如大屠杀幸存者的后代，他们仿佛正经历着他们上一代人所经历的那些恐惧与痛苦。

缺爱是最严重的创伤

哈佛医学院的卡琳·里昂－露丝教授对缺爱及其影响进行了大量研究发现：以前，人们普遍认为，创伤是一个发生在过去的事件，如虐待；然而，里昂－露丝的研究表明，长久来看，表现最差的人往往是那些缺少关爱的人。也许，缺爱是最严重的创伤。

研究发现，孤儿院或福利院养育的婴儿，即使生活在良好的营养卫生条件下，仍会因为缺爱而夭折。阿什利·蒙塔古在《触摸》一书中，讲述了发生在美国费城一所福利院的真实故事："一岁以下的婴儿在进入福利院一段时间后，均会死亡，无一例外。"

另外，科学家还发现，经历过创伤的人，其大脑顶叶，即负责时空定位的部分，功能会受到影响。顶叶功能受损会导致解离症，人们会感觉意识与身体相分离，或者会忘记自己做过的事情。理论上来说，在面临可怕的威胁时，人们会主动屏蔽掉这一经历，使自己脱离当下的情境。经历虐待时，解离状态似乎能够帮助人们摆脱痛苦，但想要恢复正常却十分困难。也就是说，即便人们身处的地方并无任何危险，他们也有可能会发生解离现象。需要注意的是，比起成人，儿童更容易做白日梦，但做白日梦与解离还是有区别的。

由于创伤反应实质上是对于威胁的反应，因此许多经历过创伤的人对世界产生了不同的看法。研究发现，当创伤后应激障碍患者看到一张面无表情的脸时，会认为这个人是愤怒的。因此，经历过创伤的人有时候很难与人建立稳定的关系，他们总是认为别人会因自己而生气，甚至会伤害自己。

小结

尽管创伤会带来很多负面影响，但现在我们能够找到一些新的方法来治愈人们的创伤。并不是每个经历创伤的人都难避免走上海洛因成瘾，甚至是自杀的道路，只要我们给予关注和帮助，很多经历过重大创伤的人，最终都能得以治愈。

第二十一章

治愈创伤之痛

"在苦痛的挣扎中，不需要因为自己只是个普通人而感到耻辱。"

—— 布琳·布朗，作家

本章主要讨论的是创伤的专业治疗方法，须由了解儿童大脑发育的治疗师根据孩子的发育阶段来进行，但这些方法对孩子表现出的其他问题也有安抚效果。在孩子耍小性子的时候，这些方法不一定立刻有效，但只要坚持做下去，久而久之，孩子发脾气的次数是会减少的。

积极的童年经历可以降低负面影响

研究发现，虽然创伤是导致人们生活境遇窘迫的一大风险因素，但是拥有一个稳定且充满爱的家庭却可以起到一定的保护作用。高达 68% 的人至少经历过一种"童年不良经历"，但这 68% 的人并不是每个人都是海洛因成瘾者，而这要归功于"积极童年经历"（PCEs）的保护作用。即使儿童经历了创伤，有爱而稳定的环境也会显著降低严重负面影响的风险。一项针对 6000 多人的研究发现，即便经历过创伤，以下因素（几种或全部）也能够极大地提高孩子拥有积极人生的可能性。这些因素包括——

- 能够与家人诉说自己的感受。
- 遭遇困境时有家人陪伴。
- 参与团体活动。
- 有归属感。
- 有朋友的支持。
- 除了父母以外，至少还有2个成年人关心自己。
- 在家里有成年人保护并且充满安全感。

研究发现，对于"童年不良经历"非常多的成年人，六七个积极经历就能够使精神问题的发生率降低 72%。研究结论中写道：

研究结果表明，尽管"童年不良经历"会导致困境和不幸，但"积极的童年经历"可能会对一个人的心理及关系健康产生终生影响。由此，本研究更为推崇世界卫生组织对"健康"的定义，强调健康不仅仅是没有疾病或者不虚弱。世界卫生组织对"积极的童年经历"的大力推进与对健康的构建相一致，并将其视作儿童健康发育、成年人蓬勃发展的基石。因此，我们更须关注如何让儿童的生活充满"积极的童年经历"。如果儿童经历创伤，那么可以采用一些方法来进行治疗。

当创伤发生后，父母可以采取保护性行动来帮助孩子修复创伤。

我们可以尝试在孩子的生活中加入保护性因素。积极的童年经历的因素之一是参与团体活动，包括参加运动俱乐部、艺术小组、健步走小组或是文化兴趣小组等。

除此以外，我们可以为孩子创造属于自己家庭的仪式感活动。在我们接触的一个家庭里，从孩子小的时候开始，父亲每周五晚上都会买一包糖果带回家（其他的时间孩子都不可以吃糖）。周五的糖果日成了这个家庭的一种仪式感活动。在孩子们慢慢长大后，父母觉得糖果对大孩子来说没有什么意义，因此决定不再买糖果。结果，有一天，家中年龄最大的 16 岁的孩子却突然问父亲："爸爸，今天是周五，没有糖果吗？"这时候父亲才意识到，这个简单的买糖仪式竟然对孩子这么重要。

想要帮助孩子实现"除了父母以外，至少还有 2 个成年人关心自己"的积极的童年经历，可以让他们参加青年组织或童子军，参与这样的组织可以帮助孩子完成此项体验。除此之外，"父母以外的成年人"可以是老师、教练或是活动组织者。

通过向孩子表达你的感受，特别是积极的感受，来鼓励他们与你谈论他们的感受。尽量多地去使用不同的词语进行表达，这样孩子就能学会如何使用这些词语。许多儿童读物也能帮助孩子学到不同的情感表达方式，与孩子一起阅读是绝佳的情感表达启蒙的过程。

实际上，有些保护性因素非常容易实现，同时还能产生很大的积极效应。

治疗创伤的不同方法

很多经历过创伤的人，都被鼓励"说出来"，但其实经历过创伤的人"很难开口"。大脑中负责语言与谈话的布洛卡区，在经历创伤后往往不能正常工作。幸运的是，我们还有许多不需要涉及谈话的治疗方法。

需要注意的是，以下疗法需要由经过专业培训的治疗师来进行，他们懂得如何安全地处理和应对患者的情绪，而且并非在每个患者身上都行之有效。

1. 游戏疗法

游戏疗法是使用玩具、布偶等物品，让人能在安全的环境下处理某个事件的一种疗法。比如，失去兄弟的孩子可能会苦苦挣扎于死亡、永恒等概念。这个时候可以用一个玩具来代表他的兄弟，让他把玩具装进盒子，埋在地下，这样孩子的情绪就能得到很好的处理。如果是性虐待的情况，孩子可以选择恐龙玩偶来代表施暴者，猫咪玩偶来代表自己。在视觉上有明显权力不平等的玩偶，可以让孩子开始理解自己是如何被操纵至某一情境，从而就能够很好地处理性虐待之后出现的自责情绪了。人们一旦意识到权力不平等的存在，他们就会开始理解自己是如何被操纵至某一情境的。

2. 艺术疗法

通过艺术创作的方式让患者向治疗师展示自己的创伤经历，称为艺术疗法。对很难开口讲述自己创伤经历的人来说，通过视觉方式，比如艺术创作来表达自己的情绪是个不错的选择。

在缓解不安情绪的时候，也可以让孩子做这样一个简单的练习：用黑色记号笔在一张白纸上随意涂画，让他们通过图画随意描绘出自己当时复杂的内心世界。

3. 戏剧疗法

有些患者无法表达情绪，可能是因为家人不允许他们表达，还可能是因为家庭文化就是不随便谈论自己的感受。戏剧疗法是一种不需要亲历，也能使人们懂得并理解他人情绪的疗法。假设一个人患有抑郁症，而他的家庭文化不能接受家人表达痛苦的情绪，那么他可以参加一个小型的喜剧创作，并扮演一个抑郁症患者。在这样一种社会可接受的表达方式中，他就能够慢慢去理解抑郁症的各种情绪。

4.音乐疗法

对很多人来说，遭遇创伤的一个很大问题就是，谈话不起作用。创伤发生时，其伤害可能影响人的整个身心，仅靠谈话也无法兼顾周全，因为完成谈话的过程只需大脑中相当小的一部分参与处理。而欣赏音乐则不同，它需要整个大脑的参与，能够治愈谈话疗法无法克服的伤痛，音乐疗法也有助于中风或头部损伤患者的恢复。

音乐疗法可以有多种形式，比如可以通过写歌或者演奏来表达自己当下的心情。除此以外，唱歌也是一个很好的方式，而跟随音乐进行身体活动效果更佳，因为它涉及我们的整个身体。在孩子发脾气时，播放一些舒缓的音乐，邀请他们跟随音乐缓慢律动，可以让孩子静下心来。

5.动物辅助疗法

创伤还会导致信任问题，经历过创伤的人很难再去相信任何人。动物辅助疗法，可以通过与动物建立安全的关系来重建伤者对周围人的信任。很多人对他人失去了信任，但还会喜欢动物，就是因为动物不可能背叛人类。

6. 神经反馈疗法

神经反馈是指将人与脑电图（Electroencephalogram，简称 EEG）仪相联结，采用游戏或智力题的形式，脑电图仪可以读取人的脑电波，并将其显示在屏幕上。

经历过创伤的人常常不知道自己的身体发生了什么，身体似乎与自己内心的感受断开了联结。当他们从屏幕上看到自己大脑的活动时，就能学着去理解内心的感受。创伤会破坏大脑的许多正常联结，而神经反馈疗法则可以帮助他们学习应如何做出恰当的反应。这一疗法对患有多动症、脑损伤或童年创伤的儿童（及成人）有很大帮助。

7. 生态疗法与冒险疗法

生态疗法是一个非常有趣的治疗方法。该疗法认为，大自然可以极大地缓解精神疾病的症状。事实上，远离城市喧嚣，身处大自然中，不仅可以让人心情舒适，还会使人体产生更多的自然杀伤细胞（主要负责抗击癌症等疾病），降低人体的皮质醇水平。

冒险疗法与生态疗法类似，是以生态疗法为基础。具体形式包括：参加障碍赛（年幼的儿童也可在家进行）、露营、马背骑行或学习驾船等。冒险疗法益处良多。首先，运动有助于减轻压力，刺激大脑分泌多巴胺。其次，进行一次冒险出行，或给自己设置一个小挑战的想法本身就非常有价值。经历过很多创伤的人总是觉得自己什么都做不好，实现一个切实的目标能够帮助他们提升自我价值。

8. 眼动脱敏与再加工疗法

眼动脱敏与再加工疗法（Eye Movement Desensitization and Reprocessing，简称 EMDR 疗法）是目前比较流行的治疗方法。心理学家弗朗辛·夏皮罗被痛苦的回忆困扰多年，一次偶然的机会，她发现，当眼睛左右移动时，她就能够平静下来。

眼动脱敏与再加工疗法的概念来源于我们对快速眼动睡眠阶段的了解。快速眼动睡眠，眼球在这一阶段的睡眠中会快速移动，通常是从左至右移动。从大脑内部来看，眼球在移动的同时，信息也从大脑一侧传递至另一侧。科学家认为，快速眼动睡眠阶段的这种移动与传递有助于抚平和治愈伤痛记忆。

眼动脱敏与再加工疗法能够使人们的注意力从大脑的一侧转移至另一侧。治疗过程中，治疗师可以用手指在患者面前左右移动，也可以轻拍患者身体的两侧，以此来引导人们注意力的转移。从理论上来看，眼动脱敏与再加工疗法在某种程度上是"欺骗"患者的大脑，使其以为自己处于快速眼动睡眠状态。

很多人觉得眼动脱敏与再加工疗法是伪科学。我们便认识这样一个人，他在 5 岁时遭受了性虐待，我们认识他时，他已经 55 岁了。他每晚都会做噩梦，虽已试遍了几乎所有的药物和方法，但似乎都没有什么疗效。他本以为眼动脱敏与再加工疗法听上去愚蠢无比，但最终还是肯试上一试。十个疗程之后，他竟然真的不再做噩梦，可以睡一整晚了。需要注意的是，不是每个人都会像他这般幸运，也有人试过该疗法之后并无好转；另外还要注意，没有什么疗法是完美的，有些患者经过眼动脱敏与再加工疗法的治疗后，对创伤事件的记忆会更加强烈，但总的来说，该疗法的积极影响是更为显著的。2020 年的一项研究发现，有些患者甚至会增加疗程，以维持眼动脱敏与再加工疗法的疗效。

9. 时间疗法

正常情况下，良好的睡眠对人们来说非常重要。但科学家研究也发现，灾难或创伤发生后，如果人们长时间保持清醒，比方说 24 小时，那么创伤记忆便能够自我平复。长时间保持清醒可以阻止伤痛的记忆被植入大脑中。

再次尝试

有时，曾经失败的疗法在多年后可能会见效。最近，我们接触到了一位创伤后应激障碍患者，他在几年前曾试用过眼动脱敏与再加工疗法，但没有任何作用。他尝试了各种形式的疗法，都没有效果。他非常渴望自己能够康复。我们建议他再次尝试眼动脱敏与再加工疗法。而这一次相当不同，接受治疗后，他的睡眠得到了改善，也不再轻易感到愤怒与不安。需要注意的是，如果某种疗法产生过一定的不良影响，就不要再尝试了。随着儿童的不断发育和成长，一些疗法的效果可能会更好。

关于创伤与疗愈的拓展阅读

巴塞尔·范德考克

巴塞尔·范德考克是我们最为推崇的作者之一。他的《身体从未忘记》一书可谓是一本经典之作，书中谈到了创伤对于人们身体的影响，创伤中涉及的神经学知识，以及创伤治疗的各种形式。经历过创伤的读者会觉得这本书对他们大有裨益。你还可以在网上找到范德考克的一些免费讲座、视频与较为易读的文章。

彼得·莱文

彼得·莱文是世界知名心理创伤治疗专家，他研究开创了"身体体验疗法"。如今，我们已经了解到，创伤不仅影响心理，还会影响我们的身体。彼得·莱文认为可以通过身体活动来治愈创伤。

他著有《心理创伤疗愈之道：倾听你身体的信号》（*In an Unspoken Voice*）一书，探讨了如何利用身体活动来疗愈创伤给人们带来的持久影响。

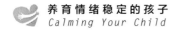
😊 **小结**

　　创伤不仅影响心理，还影响我们的身体。对于创伤问题，总是很难一下选到对症的治疗方法。即便是拥有相同创伤经历的两个人，对治疗方法的反应也可能完全不同。因此，我们不能只相信一种治疗方法。在某一种疗法没有效果时，就得尝试另一种。大多数时候，治疗创伤需要不断试错，要有坚持的韧劲儿。

渐进式暴露疗法的危险因素

"没有什么比脑袋里那些坏念头更加顽固。"

—— 朱莉娅·卡梅伦，作家

本书不会对任何一种疗法进行批判，我们只想为读者提供帮助。书中介绍了各种有效的疗法和技术，希望能够帮助孩子改善身心健康。而本章想要探讨渐进式暴露疗法，主要是因为它被医生、家长和教师广泛应用。渐进式暴露疗法的受试者主要为患有焦虑症和创伤后应激障碍的成年人，而需要注意的是，针对成年人的疗法未必适用于儿童。

尝试建立耐受

渐进式暴露疗法，又叫系统脱敏疗法，是治疗焦虑症的一种常用方法。虽然大多数人并不了解临床术语名称，但对这一概念肯定不陌生。例如，一个女孩对搭乘地铁感到恐惧，她明白她去工作需要乘坐地铁，但就是无法进入到地下空间。她的恐惧感可能来自拥挤的人群、行车中的摇晃，或者就是单纯不喜欢待在地下。这样的恐惧感逐渐剥夺了她乘坐地铁的权利，严重影响了她的生活。

在这种情况下，渐进式暴露疗法可以帮助女孩逐渐适应搭乘地铁。在专业治疗师的帮助下，她可以先尝试走到地铁站入口，并在那儿短暂停留。再过一周，她没准儿能够往下走一两级台阶。再然后，她可能会越走越多，慢慢建立起信心。我们将这一过程称为"建立耐受"，因为在这个过程中，人们学会了忍受他们不喜欢的事物。

换句话说，渐进式暴露疗法是让患者慢慢接触那些令他们感到恐惧的事物，最终他们会逐渐适应并且能够面对它们。

渐进式暴露疗法并不是新鲜事物，它由约瑟夫·沃尔普于20世纪50年代所提出。理论上来看，渐进式暴露疗法好像很适合用来治疗那些回避事物的儿童，但我们对这一疗法充满担忧，尤其是在涉及儿童的时候。除了我们以外，巴塞尔·范德考克、朱迪思·赫尔曼、约瑟夫·勒杜以及彼得·莱文都对使用渐进式暴露疗法治疗创伤持保留态度。艾丽西亚·梅雷特（Alicia Mearet）研究发现，许多儿童对渐进式暴露疗法会产生负面效应。彼得·莱文在《创伤与记忆》一书中，讲述了退伍军人雷的治疗过程。接受渐进式暴露疗法后，雷的噩梦更加频繁和强烈，情况不但没有好转，反而变得更糟。当然，也会有人从该疗法受益，正如我们所强调的那样，万能之法是不存在的。

必须要明白的是，渐进式暴露疗法可能会得到反效果。强迫孩子有时非但不能建立耐受，反而会使他们更加敏感。很多人都认为，建立耐受就是让人逐渐适应那些原本令自己恐惧的事物，但渐进式暴露疗法也可能会使人对自己恐惧的事物更加敏感。一个原本就对学校非常敏感的孩子，他起初可能只是有些苦恼，但随着他频繁地去学校，痛苦会不断积聚起来。有些儿童心理治疗师似乎并没有意识到这一点，但对一些儿童来说，渐进式暴露疗法确实会产生相反的效果。

有时候，出于保护自己的身心健康，人们的最佳选择是回避，许多治疗师将这一情形称为"主动回避"。例如，从战场回来的士兵可能会被周围的声音所折磨，有时最好的方法是回避那些会触发他们回忆的事物。格雷格·卢金诺夫与乔纳森·海特在《娇惯的心灵》（*The Codding of the American Mind*）一书中提出，太多的回避会带来问题，因此我们确实需要找到一个平衡。显然，过度回避不是一件好事，频繁回避会使情况更加糟糕。什么时候应该鼓励胆小的孩子，什么时候又应该劝阻孩子那些令人困扰的行为，实际上是很难平衡的。

小结

　　渐进式暴露疗法本身是一个很有用的治疗方法，但前提是必须谨慎、正确地进行。许多业余治疗师和专业治疗师都在使用这一方法，但他们并不了解它可能会给儿童造成伤害。令人担忧的是，许多治疗师认为渐进式暴露疗法是唯一有效的方法。不是说渐进式暴露疗法不好，某些情况下它还是有效的，但它一旦导致儿童行为恶化、病情加重，就应立即停止该疗法——对其他所有疗法也是一样，如果没有效果，就要停下来。

感统失调与情绪问题

"我们生活在一个信息越来越多，而意义越来越少的世界中。"

——让·鲍德里亚，哲学家

感觉统合障碍（Sensory Processing Issues，简称SPI），又叫感统失调（Sensory Processing Disorder，简称SPD），是许多儿童会面临的一大问题。出现这种问题时，孩子对世界的感知与正常人不同，可能更加柔和，也可能更加强烈。在写作本书时，感觉统合障碍还不属于被公认的医学病症，但它的存在是毫无疑问的。鉴于此，它究竟被定义为一种疾病，还是其他疾病的一种症状，本书无法给出明确界定。

无论它被如何定义，我们都必须认识到儿童是存在这一问题的，并且我们要帮助他们积极去应对。

感统失调是什么？

患有感统失调的人对生活的感知与正常人有所不同：他们或者是感觉不足，或者是感觉过度。例如，正常人在观看电视节目时，如果将音量调至中等，他们听到的音量就是中等，而患有感统失调的人听到的音量，可能是特别大，也可能是特别小。对声音过于敏感的人，哪怕一点细微的声响，听上去都像是有人在他们耳边用锤子猛敲铁砧。这种情况下，人们确实很难调节情绪，使自己保持冷静。比如，有的学校走廊铺设的是油毡地板，患有感统失调的人走在地板上的每一步都会发出类似橡胶摩擦时的嘎吱声，他们自己就很难忍受。气球爆破的声音会让人感到不愉快，但对大多数人来说，声响一旦过去，人们便可以迅速恢复平静，而对感统失调的人来说反应时间要长得多。受感统失调影响，神经系统会进入过度反应状态，身体开启生存模式，人们无法理智地思考与行动，有些人会在这一状态下停留数小时。

听觉敏感在感统失调中最为常见，而其他感官也都有可能发生问题。

比如，很多孩子都觉得室内游泳馆是非常有趣的游玩场所，但对患有感统失调的孩子来说，游泳馆简直是噩梦般的地方。室内游泳场馆通常设有明亮的灯光，当光线经由墙面反射照向感统失调患者时，他们会觉得这些灯光在向他们扫射，十分强烈。同时，大多数游泳馆的瓷砖含有沙砾，感统失调患者踩上去会感觉像是踩在了尖状物上。正常人的眼睛沾到氯气时，会有一点刺痛感，但对患有感统失调的儿童来说，这种感觉可能会令他们难以忍受。除此之外，游泳池里的水虽是温水，但患有感统失调的儿童可能会觉得水温过高。所以，很多患有感统失调的人会觉得去游泳馆很不舒服，甚至有时候会形成心理创伤。

感统失调也存在多种表现形式，比如孩子们经常会抱怨衣服布料太粗，会刺激到皮肤，令皮肤发痒。另外，衣服上的标签也会让感统失调患者感到不舒服，他们将这种感觉描述成像刀子扎进了皮肤一样痛苦。对他们来说，袜子或手套的内缝就像是一把锯在他们的皮肤上来回地磨。所以，不要觉得孩子是在给你出难题，多倾听他们，看看到底是什么原因。

产生的原因

没有患上感统失调的人通常能够自己过滤掉不需要的信息。比如，在一间熙熙攘攘的咖啡馆里，大多数人都能过滤掉他人的对话，只听与自己谈话的人的声音，而感统失调患者则很难做到。他们的大脑要么把全部信息都接收过来，要么什么信息都不接收。

接下来，我们继续关注可能伴发感统失调的一些情况。

1. 自闭症

大多数自闭症都患有感统失调。在理查德·潘内克与天宝·格兰丁合著的《孤独症大脑：对孤独症谱系的思考》(*The Autistic Brain*) 一书中，格兰丁提到，感官过载是导致自闭症人士身体衰弱的主要原因之一。

2. 脑损伤

许多脑损伤患者都会出现某种形式的感统失调。例如，他们常会出现持续性耳鸣和畏光的症状。因此，脑损伤患者在室内大多会戴着帽子，阻挡来自上方的光线，而在有强烈照明的户外，他们一般会戴上墨镜。

3. 创伤后应激障碍

患有创伤后应激障碍的成年人往往会和患有感统失调的儿童一样，对响声高度敏感。例如，有些创伤后应激障碍患者听到烟花或汽车回火的声音，会变得十分痛苦。或许某些感统失调就是一种创伤反应，但是没有达到完全创伤后应激障碍的诊断标准。

4. 孤独

现代世界中，人们似乎比以往任何时候都更加孤独。孤独是如何影响人们的感觉统合的呢？一项针对被独立关押的罪犯的研究发现，被独立关押的罪犯甚至对很轻柔的声音都会产生强烈的敏感反应。独立关押并非意味着寂静无声，被独立关押的罪犯仍然身处吵闹的监狱中。因此，孤独不是因为听不到声音，而是因为与社会脱节。

感官问题的自我无意识

人们被感官过载影响的时候，其实并不知道自己发生了什么事情。我们接触过的一个年轻人曾对我们说，他很讨厌学校里的体育活动。但有趣的是，起初他自己也不是很清楚为什么他不喜欢运动，直到后来发现可能是哨子声影响了他。

我们还认识一个家庭，儿子有自闭症，并且有严重的行为问题。他每天都要发上几次脾气，有时会多到三四十次。一家人为此痛苦挣扎多年，都没弄明白究竟是什么导致了孩子发脾气的行为。最后我们建议家长给他用上降噪耳机，他的行为立即发生了转变。在家人看来，孩子简直像是变了一个人。

感统失调通常都是因为感官反应过度或不足所引起。

1. 反应过度

感统失调患者会被扑面而来的信息所淹没。电影《冒牌天神》（*Bruce Almighty*）中有个情节，主人公突然拥有了上帝的神力。但在一天晚上，数百万人祈祷的声音一下子涌向他的耳边，他反而变得不知所措，压力重重。感统失调患者的情况与此十分类似，面对各方信息的轰炸，他们完全不知道要如何处理。"就好像是你的电脑因为打开的任务过多，或者因某个任务卡顿而发生系统冻结。这时候大脑会命令你按下'Ctrl+Alt+Del'键来终止电脑的异常状态。而对我本人来说，我会突然感到疲劳，出现平衡问题、讲话问题，以及方向障碍。"

2. 反应不足

有些有感官问题的人感知会异常强烈，而有的人感知能力反而会比正常人更加弱。比如，孩子可能会听不清指令，或是看不清电脑屏幕中显示的图像。家长给出指令后，如果孩子没有反应，他们往往会认为是孩子不听话，但其实也有可能是孩子根本就没有听到家长的话。

触觉反应不足往往会特别危险。为了预防进一步的伤害，我们的身体通常会对疼痛十分敏感，但某些触觉反应不足的感统失调患者无法接收到身体疼痛的信号。比如，触觉反应不足的孩子可能会用手去摸炉灶，却感受不到疼痛，因此他们可能会烧伤自己。

反应不足的儿童看上去会显得有些"笨拙"，他们的动作总是不够敏捷。人们为了做出有效动作，需要对自身所处空间的位置有所掌握，并且清楚了解体重与平衡的身体分布情况。比如，想要在平衡木上保持平衡，你得了解自己每一侧的体重是多少。一旦孩子没有接收到身体的这一信息，他们就会显得很笨拙，不但会常常摔倒，还可能会弄伤自己。

孩子还可能会经常打碎东西，因为他们不了解需要使用多大力气。有时候他们拿杯子拿得不够紧，杯子就会滑落到地上；有时候他们没意识到自己没有把杯子端平，杯中的饮品就会洒出来。而在专业治疗师的帮助下，这些问题都能够被解决。

需要注意的是，反应不足并非身体受伤所导致。有些人耳膜受损后会导致听力下降，但不会导致反应不足。尽管可能会与感统失调同时发生，但生理性的听力受损是另外一回事。

以上就是反应过度和反应不足两种表现，当然，有些孩子可能同时表现出以上两类问题。例如，有的孩子在对气味过于敏感的同时，还会因触觉不够敏感而难以抓到球。

感统失调有多普遍？

最近的研究较少关注一般人群，但 2004 年的一项研究表明，每 6.25 个儿童中就有一个患有感统失调！有趣的是，成年人中患有感统失调的概率约为 1/20。

导致感统失调恶化的因素

感官问题一般影响不大，但在睡眠不足或压力过大的情况下，感官问题的影响则会更为严重。比如，有的孩子，虽然有感统失调问题，但如果他这一周的睡眠质量都比较好，那么在音乐会现场，尽管音乐声特别强烈，但他还是可以坚持听完两个小时。但如果是在睡眠不佳的情况下去听演唱会，那情况就不同了。音乐会开始前，他可能会因人群的交谈与走动而感到偏头痛。音乐一开始，他会感觉自己的头像是快要爆炸了，墙壁也在向他贴近，甚至还会伴有剧烈呕吐的冲动。在音乐会现场待上 20 秒，他就得离开了。

学习与感统失调

感统失调会对孩子的学习能力产生极大影响。有时候，学生会因阅读能力低下而被误诊为学习障碍或智商低下，但其实原因可能是白色对患有感统失调的人的刺激会过于强烈，导致他们没办法阅读白纸上的文字——这种感觉就像是让正常人在明亮的聚光灯下读书一样。这个时候，可以将纸张换成浅棕色或淡蓝色，让他们读起来舒服些。有色镜片也能帮助解决这一问题。

此外，有些感统失调患者还有相似词语的发音问题，比如英文中的"cat"（猫）"hat"（帽子）"bat"（蝙蝠）。他们无法在大脑中对这些单词的辅音（c、h、b）进行处理，所以他们听不出这几个词的区别。在电影《雨人》中，汤姆·克鲁斯扮演的查理有一个哥哥叫雷蒙德（Raymond），他总是把自己的名字念成"雨人"（Rain Man）。

警报声

对患有感统失调的儿童来说，某些铃声也是个很大的问题：它的音量通常比较大，音调又比较高，一些患有感统失调的儿童，一听到铃声就会启动大脑的应激反应。

相对成人，儿童能够听到的声音频率本来就更高。所以，从感统失调的角度来看，有些学校的铃声对某些学生来说是恐惧的。我们鼓励许多与我们合作的学校用更为安静的音乐声代替传统的学校铃声。接受了建议的学校反馈，这一举动带来了不小的变化。

我们曾接触过一个患有感统失调的女孩，她对噪声极其敏感。有一次学校举行消防演习，其中有音量很高的警报声，而只要一听到警报器的声音，她便进入了冻结反应状态：蜷缩成一团，放声大哭，身体根本无法动弹。如果这不只是演习，而是真正的火灾，她可能早就丢掉性命了。

现在有一些烟雾警报器已经弃用以往那些高亢且尖锐的报警声，而改用人声来代替。有研究认为，母亲的声音叫醒孩子的效果是传统闹钟的三倍。如果你的孩子患有感官问题，家里闹钟的声音让他感觉不舒服，那么可以考虑换成其他类型的闹钟。

很多年轻司机在逃离警车追捕时，会发生意外，最终造成自己或他人的死亡，而导致这一严重问题的原因是他们在驾驶车辆逃跑时，情绪极度痛苦，以至于根本无法思考该行为的后果。造成这种后果的部分原因可能就是警笛声——刺耳且快速变频的警笛声会让人们进入战斗或逃跑模式，而非安全停止模式。

应对方法

1."安全协议"治疗法

人常常会因身体的自然节律失衡而感到烦闷或焦虑。史蒂芬·波格斯博士开创了一种叫作"安全协议"（Safe and Sound Protocol，简称 SSP）的治疗方法，主要是让患者每天花 1 个小时，连续 5 天听一些特殊的声音。这些声音能够帮助患者平复和调节迷走神经。很多感统失调患者接受了这一治疗方式，其中很多人在开始治疗前都对环境中的声音异常敏感。经过治疗之后，他们发现噪声的侵略性有所降低，也不易引起不安情绪。"安全协议"还有助于治疗创伤带来的影响，如焦虑、入睡困难以及无法集中注意力。一些人在接受"安全协议"治疗之后，听觉和触觉的敏感问题都有所改善。

2.营造更加安静的氛围

目前，很多大型超市都推行"舒适感官"的服务。在某一营业时段内，超市会将灯光亮度调低，并且关闭音乐广播。游泳馆、咖啡馆等场所，也在尝试为感统失调患者提供舒适的环境氛围。

降噪耳机也有助于营造更为安静的氛围。传统的头戴式耳机可以降低或者阻挡外部声音，但通常无法完全隔绝声音。降噪耳机会先采集周围环境的声音，再通过发出与环境中相反的

声音来抵消噪声。通过这样的方式，降噪耳机使人完全听不到
外部噪声。因此，比起传统的头戴式耳机，大多数听觉敏感的
人会更喜欢用降噪耳机。

　　除此以外，Flare Audio 开发的 Flare Calmer 减压耳塞也是
一个不错的选择。它和普通耳塞有点像，不会完全屏蔽掉外部
声音，但可以降低人们对高频声音的共鸣，很多感统失调患者
觉得该产品对他们很有帮助。同时，这些设备还有助于感统失
调患者的睡眠质量的提升。

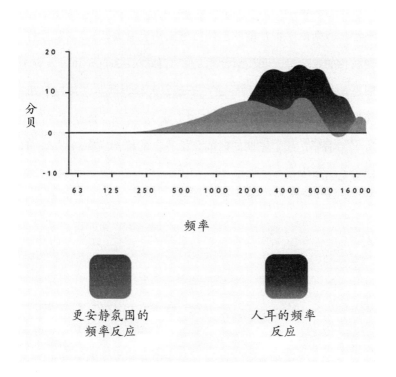

有安静氛围和无安静氛围的频率反应

将理论付诸实践吧！

曾有一个家庭向我们求助：家中有一个十几岁的女孩，她总是割伤自己，多次自杀未遂。两年多以来，父母尝试了各种治疗方法，包括认知行为疗法（Cognitive Behavioral Therapy，简称 CBT）、眼动脱敏与再加工疗法、艺术疗法以及药物治疗，但都没能起到作用。

在一次谈话中，我们问她的母亲："你的女儿对声音敏感吗？"她做出了肯定回答，但显然家里没有人认识到孩子对声音敏感的重要性。我们对此进行了解释，许多自残和自杀行为都可能是由感官问题所导致。于是家人给她购买了降噪耳机，降低了环境噪声（比如吸尘器的声响）。女孩还接受了"安全协议"治疗，几个星期的时间，她身上的精神疾病的症状、自残自杀的行为就都消失了。

😊 小结

　　感统失调是导致儿童易怒、攻击性行为甚至暴力行为的重要原因。问题是，许多儿童并不知道自己存在感官问题，所以他们会没来由地突然情绪爆发。感官问题之所以复杂，主要是因为导致感统失调患者情绪不安、不知所措的事物是因人而异的。家长了解感统失调后，就可以改变孩子所处的环境，并采取主动措施来应对甚至是治疗感统失调。

第二十四章

排除其他影响儿童情绪和行为的特殊问题

"花卉不开花，要改变的是环境，而不是那朵花。"

—— 亚历山大·邓·海耶，作家

在阐述感统失调时，我们曾提到，感统失调患者的大脑运行机制与其他人是有区别的，而有些儿童也会因为一些神经系统发育障碍问题影响情绪，比较常见的有自闭症（Autistic Spectrum Disorder，简称 ASD）、多动症（ADHD）与胎儿酒精综合征（Fetal Alcohol Spectrum Disorder，简称 FASD）。

自闭症

有些人的自闭症表现较为轻微，他们只是在社交上有些障

碍，但却很聪明且善于表达，能够与人建立稳定关系，还能正
常工作。而比较严重的自闭症患者，他们可能无法用语言进行
交流，不说话，生活也有很大困难。这些患者无法控制自己的
肢体，总是做一些像拍手这样的动作。通常情况下，他们在控
制情绪方面也存在障碍。

斯蒂芬·肖尔教授是自闭症领域的知名专家，他曾说道：
"如果你只见过一位自闭症人士，那你不能说你了解自闭症。"
这意味着每个自闭症人士都是独一无二的，绝不会有两个表现
完全相同的自闭症人士。

天宝·格兰丁是一位著名的动物学者，同时她患有自闭
症，她很详细地向其他人解释了自己的自闭症经历。她与理查
德·潘内克合著的《孤独症大脑：对孤独症谱系的思考》一
书，关注到了自闭症人士的优势。格兰丁还在视频网站发布了
许多与自闭症话题有关的视频，内容非常不错，值得推荐。

自闭症人士通常难以完成精细动作。脑成像研究发现，自
闭症人士的小脑体积比非自闭症人士小 20% 之多。小脑主要
负责身体的运动平衡，所以他们的行为动作看上去较为笨拙。
相较于其他人，自闭症人士会接收到更多的感官信息，因此，
人们倾向于认为，自闭症人士大脑中的过滤系统是无效的。然
而，这种越来越严重的感官信息超负荷状况，很可能是因为外
部世界运转不断加速，带给人们的感官刺激也越来越强烈导致
的。据此，有研究者提出了"激烈世界综合征"一词，来描述
很多自闭症人士的信息超负荷经历。自闭症人士正是因为被周

围环境压得透不过气，才退回到了自己的世界。

1. 难以接受变化

自闭症人士有时很难接受微小的变化。迈克尔曾接触过这样一位年轻人，他身上总是揣着 5 个用蓝丁胶捏成的小球；如果小球变成 4 个或 6 个，他就会闹上几个小时。必须是不多不少 5 个小球，这样他才会有安全感。

我们会觉得小球的数量只是小事，但自闭症人士的大脑可能不是这样想的。他们会觉得这是一个非常重要的秩序问题。如果大多数时候都是上午 9 点上课，突然有天改成 9 点零 5 分上课，这对自闭症人士来说是件十分苦恼的事情。即便是再微小的变化，也会让他们感到崩溃。

自闭症研究学者蒂托（Tito）在他的书《嘴唇不动我怎么说话？》（*How Can I Talk If My Lips Don't Move?*）中写道，当他曾经看到鸟儿坐在树上时，有行人经过，他的大脑就会认为这两件事是连在一起的。而如果下一次看到鸟儿坐在树上没有行人经过，他就会非常痛苦。对许多人来说，这只是个小变化，但对自闭症人士来说，这可能就像你的老板对你说："从明天开始，你要到一个地处遥远国度的新公司去上班，你既不懂这个国家的语言，也不了解这个国家的文化。"听到这，想必大多数非自闭症人士也会很崩溃吧。

自闭症人士往往会将微小的变化看得十分重要。如今，在我们生活的社会中，各种系统会经常发生变化。比如，所有计算机程序几乎都会定期更新。对我们来说，程序图标的一点细微变化可能微不足道，但自闭症人士会因此而十分痛苦。

2. 难处理多步骤任务

自闭症人士通常很难完成多步骤的任务。对大多数人来说，先倒些面粉进碗里，然后加一些糖，再打入几个鸡蛋，这样一个分为三个步骤的任务是很容易完成的。但自闭症人士可能无法承受——他们做完一个步骤之后，可能就不知道接下来该做什么了。因此，要在他们完成一个步骤之后再给出下一步的指令。

3. 情绪理解障碍

自闭症人士在情绪理解上会有一些障碍。曾有一项十分有趣的研究，要求自闭症儿童与非自闭症儿童识别电视剧中角色的各种情绪，如悲伤、喜悦等。结果他们都能完成。但自闭症儿童很难识别到并不匹配的情绪反应。例如，某人被洒了一身热咖啡，之后他的表情虽然是微笑的，但不代表他此刻是开心的——微笑只是一种礼貌的表现。通常，面部表情并不能反映出人们的真实感受。普通儿童大多能理解这个概念，但自闭症儿童的这一能力会差一些。

4. 交际问题

许多自闭症人士只会从字面上去理解他们所接收到的信

息。新西兰自闭症协会谈到过这样一个事例，老师让一个学生去卫生间洗手，由于卫生间与马桶的英文都是 toilet，这个孩子就按照字面意思，在马桶里洗了手！发生这样的事情，主要是因为自闭症人士会严格依照他们获得的指令去行动。而我们的语言中还会大量使用隐喻和类比，自闭症人士却很难理解。

转变沟通方式有助于自闭症人士更好地理解这个世界。有些人生气的时候会说"我感觉自己要爆炸了"，这样的表达方式会让自闭症人士感到疑惑（他们可能认为这个人是真的要爆炸了）；好一点的说法是直接讲"我感到很气愤"。另外，如果你要求自闭症人士"很快完成一项任务"，在他们看来，此处的"很快"可能是 5 分钟、1 小时，也可能是几天，所以你要让自己的表达更加精准。

天宝·格兰丁与肖恩·巴伦合作著有《社交潜规则》（*Unwritten Rules of Soclal Rela Tionships*）一书，既能够为自闭症人士提供有益信息，也能够帮助家长和教师了解到如何与自闭症人士更好地进行沟通，并建立社交关系。

一些组织或机构还可以帮助自闭症人士找到适合自己且有意义的工作。像一些总是不断发生变革、需要快速学习大量新知识的工作，就不太适合自闭症人士。那些较少涉及变化的工作则更适合他们。

总之，理解、帮助与支持，会使自闭症儿童的情绪更为稳定，生活也能得到极大的改善。

多动症

注意缺陷多动障碍，又称多动症，是由于大脑系统无法正常运行所导致，主要表现为难以集中注意力、缺乏自我控制能力等。比如，有多动症的孩子一般很难坐着听完一堂长达一个小时的数学课；他们极易分心，难以完成计划，还会忍不住大声说出一些不合时宜的话。总之，多动症患者的一些行为经常被误解。

有些观点认为，多动症就是指孩子想要不停地跑来跑去，但我们一般将这种行为叫作"童年"。如果将童年乐趣当作一种疾病，那么也就意味着整个社会迷失了大方向。真正意义上的多动症的确会给患者的生活带来严重影响。2015 年的一项研究发现，在不加干预的情况下，多动症会导致患者由不假思索的行为（如突然冲到车前）而引起早亡的风险增加一倍。

世界知名医生加博尔·马泰，著有《分散的思想》（*Scattered Minds*）一书，该书以多动症经历为主要内容。之所以撰写此书，是因为加博尔·马泰本人就患有多动症。他将多动症归因于自己的成长经历。他 1944 年出生于匈牙利，祖父母及外祖父母被纳粹杀害，父亲被抓去劳动。他认为在自己患上多动症的过程中，创伤有重要影响，而其他类似症状同样有可能源于创伤。

1. 常见误解

很多人对多动症存在误解，认为所有儿童都过度好动，但事实并非如此。儿童确实比许多成年人更具活力，且他们的自控能力也会比成年人要弱。一张多动症和非多动症人士的脑部扫描图可能更能说明这一点：

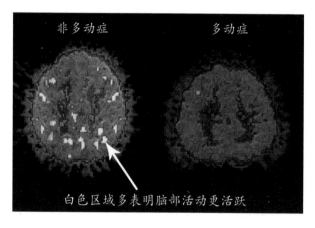

非多动症人士的脑部扫描与多动症患者的脑部扫描

从图上来看，非多动症人士的脑部活动（左）比多动症患者的脑部活动（右）活跃得多（白色区域多，代表更活跃）。我们通常认为多动症患者的脑部活动应该更为活跃，但其实大脑受多动症影响最大的部位是前额叶皮质，它主要负责控制情绪和集中注意力。如果多动症患者的前额叶皮质无法正常工作，他们的大脑活动就会受到影响。

人们认为，患者在儿童时期患有多动症，长大后就会好

转。研究人员询问患有多动症的成年人是否仍有症状时，大多
数人回答说没有。但在询问其家人和朋友时，他们认为多动症
的症状会随患者进入成年阶段。若不及时干预，多动症可持续
终生。

还有些人会误以为多动症患者根本无法集中注意力。加博
尔·马泰医生不但从医学院顺利毕业，还著有几本内容复杂的
图书。多动症患者不是不可能取得成功，只是会比普通人更加
困难。

2. 多动症患者的不同需求

多动症患者还可能会乱说话。我们认识一位多动症患者，
他大约有两年时间都没有找到工作。最后，他终于得到了一个
工作机会。但他一走进办公室，就遇到一个胸部很大的女同
事，于是他大声说道："她的胸部很大。"不用多说，没过多久
他就被辞退了。

患有多动症的孩子常常觉得自己很没用，他们认为自己什
么事情都做不好。每个人都会有想到不恰当的事情的时候，但
我们大多数人能够控制自己什么该说，什么不该说。而多动症
患者大脑中负责控制的部分是不能够正常工作的。其实，上一
段中提到的那位患者，他说完那句话就马上后悔了，他也为自
己说的话感到抱歉。他并非有意冒犯，只是不具备普通人所拥
有的自制力。多动症会使人很难获得工作机会，也很难维持已
有的工作，所以解决这一问题十分重要。

3. 帮助与诊断

在此想要明确一点，许多并未患有多动症的儿童，会被误诊为多动症。其他因素可能会导致类似多动症的行为，比如创伤、睡眠不足以及缺乏自由玩耍，都可能引起类似多动症的症状。多动症的确诊需要经过排除性诊断，也就是说，医生只有在排除了其他所有可能的病症之后，才可以将患者诊断为多动症。而现实情况中，很多医生并未经过排除，而是在初次诊断时就直接将孩子诊断为多动症。

关于多动症的诊断存在很多争议。有时可以采用药物进行干预，但有时则需要通过改变环境，以此适应患者大脑的运行方式。比方说，多动症患者一般无法听完整整一个小时的科学课，但如果是 15 分钟，他们或许就可以完成。

在有关创伤治疗的章节中，我们曾提到神经反馈疗法，除了治疗创伤，它还能被用于治疗多动症。一项研究发现，神经反馈疗法能够改善冲动和注意力不集中的情况，同时对过度活跃也有一定程度的抑制作用。

比较新的一种治疗方法是补充微量营养元素。2020 年的一项报告发现，如果微量营养元素补充得当，可能会达到传统多动症药物的治疗效果，甚至有可能比传统药物的治疗效果更佳。

如果我们了解了多动症的真正病因，就可以采取多种相应的治疗手段。家长和教师在了解了多动症之后，就可以采取适当的措施，给孩子提供他们需要的帮助。

胎儿酒精综合征

胎儿酒精综合征是一种永久性脑损伤，由母亲在妊娠期间过度摄入酒精所导致。（值得一提的是，母亲在怀孕期间接触冰毒、海洛因等毒品，也会给孩子带来危害。）

胎儿酒精综合征会影响大脑中的许多部位。其中影响比较大的是胼胝体，胎儿酒精综合征会使胼胝体无法正常工作。大脑由两个半球组成，胼胝体位于大脑底部，负责在左右两个半球之间传递信号。

如果胼胝体无法正常工作，我们就需要了解胎儿酒精综合征是如何对这一部位产生影响的。

到底摄入多少酒精才会导致胎儿酒精综合征，至今仍无定论。以前的观点认为，母亲大量饮酒才会致使孩子患上胎儿酒精综合征，但最近已有研究人员对此提出质疑。目前的结论是，对于母亲在妊娠及哺乳期间的饮酒量，并没有一个安全的界定。

有些女性在得知自己怀孕前，可能无意中饮过酒。想到这里，她们内心就会充满了恐惧感和内疚感，她们认为自己会毁了孩子的一生。然而，伊丽莎白·阿姆斯特朗（Elizabeth Armstrong）与厄内斯特·埃布尔（Ernest Able）在其刊发的一篇学术文章《酒精综合征：道德恐慌的起源》（*Alcohol Syndrome: The Origins of a Road Panic*）中提出，对患有胎儿酒精综合征的儿童施以正确的帮助，结果也不一定就是糟糕的。胎儿酒精综合征患者越早获得帮助与支持，他们的生活状况也会更好。

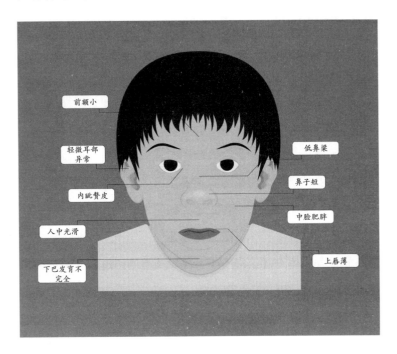

前额小

轻微耳部
异常

内眦赘皮

人中光滑

下巴发育不
完全

低鼻梁

鼻子短

中脸肥胖

上唇薄

胎儿酒精综合征患者面部典型特征

很多人一想到胎儿酒精综合征，往往会认为胎儿酒精综合征患者的智商比较低，面部长相也与普通人有所不同：他们的鼻子上翘，上嘴唇较薄，鼻梁扁平。实际上，只有10%的胎儿酒精综合征患者具有这样的面部特征。

1. 社交问题

在社交中，胎儿酒精综合征患者通常较难读懂对方的面部表情，也很难理解一些社交信号。社交中的许多内容表达都在话语文字之外，比如语气或面部表情等。胎儿酒精综合征患者无法理解这些言外之意，他们的世界充满疑惑。举例来说，假设我们打了人，对方的表情会表现出不高兴，并且希望我们停下，而胎儿酒精综合征患者通常无法读懂人们的面部表情，所以他们可能意识不到对方的情绪，会继续做一些让对方不高兴的事情。当你向他们解释某个动作会使人不舒服时，他们也能够理解。因此，胎儿酒精综合征患者可能不像其他人那样，容易从错误中吸取教训。

2. 抱持希望

我们都曾接触过一些患有胎儿酒精综合征的年轻人，在其他人的文章或著作中，这些年轻人一直都不被看好。有些人认为，他们患有胎儿酒精综合征，所以他们不可能会有什么成就。实际上，我们已经看到了一些成功的事例，所以我们要做的，只是让他们找到自己能够胜任的事情。

将理论付诸实践吧！

我们曾接触过一位母亲，她有一个 15 岁的儿子。我们很快发现她的儿子患有轻微的自闭症。男孩的人生一直面临困境：他曾因情绪失控被两所学校开除，时常用拳头把墙壁砸出洞来，经常遭受霸凌，还很难交到朋友。

我们让男孩先离开房间，并且试图与男孩的母亲谈论他患有自闭症的可能性。男孩的母亲一直都觉得男孩状况不太对，她也曾想过孩子是不是患有自闭症。但她不愿意接受这件事，她认为"自闭症"的标签会毁了孩子的一生，她根本无法承受这样的诊断结果。

最终，我们说服她为男孩做一次评估。她说，当结果显示儿子的确患有自闭症时，她哭了；这一结果确实令她难以接受。一段时间以后，她加入了一个家长互助组织，学校也了解了男孩情绪爆发的原因，他们已然能够更好地去应对各种情况了。虽然经历苦痛折磨，但诊断后，这个家庭的生活确实发生了很大变化，他们的处境也得到了极大改善。

到最后，这位母亲觉得，如果孩子能早做诊断就好了。有时候，诊断虽然可怕，但也意味着孩子能更早地接受更为专业的帮助。

小结

本章提到的自闭症、多动症与胎儿酒精综合征，都是较为复杂的问题，需要专业人士的帮助。而本章内容只是一个简单概述，还有许多有关信息，我们在此并未一一呈现。希望这些信息足以让你对其有一定的了解，并且能指引你在正确的方向上寻求更多的帮助。

即使你的孩子没有这些障碍，试着教育他们与这些障碍儿童互动也十分重要。

第二十五章

科技的利弊

"科技只是工具。在让孩子们一起合作、给他们动力这方面，老师才是最重要的。"

—— 比尔·盖茨

对如今的家长来说，最大的难题之一就是如何让孩子适应眼前这个崭新的科技世界。

我们曾在研讨会上向听众抛出过一个问题：现阶段孩子各类情绪和心理问题的风险上升，其中原因究竟是什么？几乎所有人想到的第一个答案就是"电子屏幕"。"电子屏幕"一词可以指代很多东西，包括电视、智能手机、社交媒体、智能手表、平板电脑以及笔记本电脑。我们将使用"电子屏幕"来涵盖以上列举的所有事物，同时也会特别提及社交媒体。

普遍观点认为，电子屏幕是造成现今精神疾病高发的主要原因。此前提到的一项研究表明，自 2010 年以来，美国高中生精神疾病发病率急剧攀升。而第一部苹果手机则是在 2007 年发布的。由此，精神疾病的患病率上升似乎与智能手机产品的发布有着某种联系。

事实上，精神疾病的患病率早在智能手机出现之前就已经呈上升趋势了。明尼苏达多项人格测验的结果显示，1948 ～ 1986 年间，担心出现精神失常的年轻人的比例从 4.1% 增加到 23.4%。那个时代智能手机尚未出现，所以精神问题早在智能手机出现之前就已经比较显著了。而今天，导致精神疾病患病率上升的原因也不止一个。

许多人误以为，如今精神疾病患病率上升，唯一的罪魁祸首就是社交媒体。本书认为，创伤、睡眠不良、社会联系较少、缺乏自由玩耍时间，都是导致精神疾病患病率上升的重要原因。虽说社交媒体可能无法帮助患病率下降，但它也不是导致患病率上升的唯一原因。事实上，电子屏幕也有着其积极的作用。

电子屏幕的积极意义

电子屏幕只是一种工具，若是能合理使用，它是能够给儿童及年轻人带来积极影响的。我们认识一位患有饮食紊乱症的男孩，他很难在自己周围找到另外一个和他有同样经历的男孩，但他能在网上交到一些朋友，这些朋友能够帮助到他，并与他建立起积极的人际关系。使用得当的情况下，互联网可以让你收获在其他途径无法收获到的朋友与友谊。

2019 年牛津大学的一项研究发现，每天花一两个小时上网的青少年拥有更强的幸福感与社会连通性。但需要注意，电子屏幕使用时长超过两小时后，青少年的幸福感则开始呈下降趋势。

在过去，许多来自偏远地区的人很难得到帮助与支持，而互联网技术的出现，使他们能够获得所需帮助。

互联网上不仅有萌宠视频，它还是一个信息宝库。在过去，如果你需要查找信息，只能去当地的图书馆或是书店。但现在，只需动动手指，就能获取海量的信息。因此，互联网可以成为孩子的好帮手，比如帮助孩子学习一门语言、掌握 DIY 课程、学习烹饪、成为折纸大神、开阔思维等。

电子屏幕的负面影响

但是，电子屏幕如果没有利用好，也可能带来危害。

1. 影响身体健康

首先，电子屏幕影响最大的不是人们的心理健康，而是身体健康。研究发现，青少年（14 ～ 18 岁）待在电子屏幕前的时间越长，超重或肥胖的风险就越高。

世界卫生组织在《关于 5 岁以下儿童身体活动、久坐行为和睡眠指南》中建议，5 岁以下儿童的屏幕使用时间每天不应超过 1 小时，1 岁以下的婴儿则根本不应该有屏幕时间。这一建议的主要原因，是试图改善儿童身体活动，降低肥胖风险。

2. 降低理解力

另外，学生进行纸质阅读的理解力明显高于屏幕阅读。这可能是因为，人们通过电子屏幕阅读时更倾向于略读，而在纸质阅读时可能会更加仔细。

3. 浪费时间

还有一个常被忽略的问题，就是使用电子屏幕和社交媒体容易造成时间浪费。人们确实可以通过电子设备学习先进且有价值的各类信息，改善了生活状态，但一旦人们因过度使用屏幕造成时间浪费，这就成了问题。

其实，上网刷一些无须动脑的短视频休息一下，或是登录社交媒体"关注""点赞"一些有趣的账号内容，还是很不错的。但如果花费大量时间在这些事情上，就会出现问题。毕竟人活在世上的时间是有限的，因此，我们必须尽最大努力好好利用我们所拥有的时间。

4. 打击自信心

2020 年的一项研究发现，经常使用社交媒体对抑郁症状的患病率增加影响不大。社交媒体虽不能降低抑郁症的患病风险，但也并不是导致精神疾病患病率增加的唯一原因。

社交媒体容易让人觉得，所有人都比自己做得好。而大部分人会选择性地在网上发布内容，比如只展示或是极力夸大生活中美好的一面。这就会让实际上做得还不错的人觉得自己很失败。

为了说明这一点，我们来看下面这个例子。在298青少年健康中心，我们曾接触过一个女孩，她认为自己朋友不多，而实际上她有10个好朋友。这在我们看来已经相当多了，但她认为社交媒体上的其他人似乎有更多朋友。社交媒体让她对自己生活状况的认知发生了扭曲。

5. 屏幕上瘾

很多年轻人对屏幕上瘾，喜欢打游戏以及看视频，根本停不下来。晚上一连几个小时对着电子屏幕，还会影响睡眠。

面对以上情况，家长所了解的最佳应对方法就是没收孩子的手机，或是切断网络连接，但如果孩子真的上瘾了，他们大脑中会产生依赖电子设备的化学物质。遗憾的是，有些孩子因屏幕成瘾会攻击父母，或是为了找到路由器而砸开上锁的柜子。如果你的孩子已经成瘾到如此程度，则需要专业人士的帮助。幸运的是，如今越来越多的专业人士开始关注游戏成瘾问题。

6. 网络欺凌

过去人们认为，每个人都会经历校园霸凌；它发生在每个人身上，最终人们会慢慢忘却这段经历。而目前的研究发现，欺凌会带来破坏性、持续性的后果，包括抑郁症、焦虑症、自残甚至自杀。经历过欺凌的儿童大多表现出各种行为问题。很多成年人表示，即便是几十年后，校园霸凌的经历仍然影响着他们。

欺凌行为绝对不可接受，家长和教师应帮助孩子远离欺凌。而随着科技越来越发达，网络欺凌则成了一种新的欺凌方式。

网络欺凌包括在线发送辱骂性信息、公开贬损他人以及在公共空间发布他人的隐私信息。假设一位女性怀孕了，但她并不想让其他人知道，这时如果有人在网上发布她怀孕的消息，这一行为就属于网络欺凌。

网络欺凌往往比传统欺凌更为常见，同时，经历网络欺凌的儿童可能比经历传统欺凌的儿童更容易产生自杀倾向。技术的发展使得孩子不管何时何地都有可能被欺凌，没有任何空隙。有的孩子会长期接收到辱骂性信息。

有观点认为，网络欺凌的负面影响甚至更为恶劣，因为传播受众更广。一旦有人在孩子的社交媒体账号下发布欺辱性内容，那么孩子认识的人以及爱着的人都能够看到；孩子则感觉像是在所有认识的人面前被羞辱了。

研究表明，欺凌者和受欺凌者往后的生活状况都很差，且都存在较高的焦虑症及抑郁症的患病风险。

后文中我们还会提到网络猎手相关内容，之后一并讨论应如何解决网络欺凌问题，实际上这些问题的解决方案都很相似。

😊 小结

有些人认为科技对年轻人的影响都是负面的。尽管其负面影响确实很多，但技术只是一种工具，它既有积极的意义，也有负面的影响，主要在于我们如何合理使用。

Calming
Your Child
第四部分

帮助孩子

如何正确求助

"我们需要让年轻人及其父母都明白，寻求帮助并不是软弱的表现。"

—— 凯特·米德尔顿，威尔士王妃

可能很多家长会阅读一些有关行为管理或自助类的书籍，在读这类图书的时候，有些家长可能会觉得自己很失败，我们认为问题可能就出在这些书上。自助类书籍一般会建议家长自己来处理这些棘手的状况。很多作者还会表示书中提出的解决方案可以应对所有问题。儿童的情绪行为问题实际上很难处理，不是所有人只靠自己就可以应对的。任何家庭都不应该独自面对困境，他们需要帮助，并且需要很多人的帮助。

跨学科手段

非洲有句谚语："养育一个孩子，需举全村之力。"养育孩子责任重大，一个人很难独立完成。寻求帮助也是一样的。第一章中提到的儿童行为或状况，对家长来说都是巨大的挑战。任何人都无法独自解决这些问题。因此，必须要合作，第一步便是寻求专业人士的帮助。

过去，家长可能会经历这样的过程。先是与孩子的老师见面，得到一条建议。之后去找医生，又得到了一条完全不同的建议。最后可能又从社会服务机构得到了与之前建议相矛盾的新的建议。这个过程无疑是会令人崩溃的。

1995 年，在苏的帮助下，198 青年健康中心成立了，这是新西兰首个服务于青年的一站式机构（Youth One Stop Shop，简称 YOSS）。青年一站式机构的理念是成立一个跨学科团队，成员包括医生、护士、咨询师、青年工作者、社会工作者以及其他可以提供帮助的专业人员。

198 青年健康中心后来改名为 298 青年健康中心，是新西兰现有的 14 个青年一站式服务机构之一。

298 青年健康中心不仅依靠员工的鼎力合作，还尝试了解更多本地的其他服务机构，并与之建立合作关系。我们也会邀请其他机构人员来我中心参加会议，并分享他们所提供的服务内容。这确实会花费我们一些时间，但同时这也意味着当有人需要帮助时，我们清楚应该让他们去找谁。

有些专业机构认为自己没有时间与其他人合作，但其实跨学科团队的合作模式可以节省大量时间，因为我们不会竭力反对其他专业人士。这一方式使得需要帮助的人通常能第一时间找到对的人，而不是花上一两个小时的时间和一位专业人员沟通，后来又发现他们是错的，然后再去找另一个人，如此往复。

因此，一些专业机构可能会征求你的许可，并与其他专业人员分享你的个人信息。他们了解与其他专业人员分享信息会对你更有益。

解决实际问题

迈克尔在 298 青年健康中心工作时，曾负责为 10 ～ 25 岁的青少年提供服务。有些机构可能会要求说，"你只能接触 10 ～ 25 岁的人，不可以接触他们的家人"，还可能会说，"你不可从事工作职责以外的事情"。苏给了迈克尔很大的自由度，迈克尔可以找出真正的问题，并解决它们。

迈克尔曾经接触过一个男孩，他因外祖母即将去世而焦虑不安。他的家庭条件比较拮据，他的母亲也因此无法回家看望即将去世的外祖母。这使得全家人承受着巨大的压力。于是迈克尔联系了当地的一所教堂，请求他们为这个家庭提供路费资助。这一举动远远超出了迈克尔的工作范畴，但通过解决真正问题的方式，他成功帮助了这个男孩。

整个家庭都需要帮助

建议家长也要为自己争取更多的帮助与支持。新西兰有一个名为"黄砖路"的组织，原名为"精神疾病患者家庭帮扶组织"。我们常以为精神疾病只会影响患者一人，但事实并非如此。孩子的痛苦会影响整个家庭。家长若是整个早晨都在为孩子吃早餐、刷牙、上学的事情而烦恼，那么之后的工作也不会顺利。因此，我们建议受到孩子行为影响的人，都应该为自己也寻求一些帮助与支持。

如何找到适合的专业人员

"你该如何选择专业人员呢？"这个问题极其重要。但不幸的是，很多专业人士可能根本帮不上你。我们曾接触过一个15岁的孩子，他的诊断结果共涉及12种不同的障碍，有注意缺陷多动障碍、广泛性焦虑障碍、双相情感障碍、边缘型人格障碍、行为障碍、对立违抗性障碍、间歇性爆发性障碍和反社会型人格障碍等。但令人难以置信的是，做出诊断的专业人员甚至都没有询问过他的创伤经历。（最后我们发现他经历过严重的身体虐待及性虐待。）

比起帮助他，这些专业人员显然对能够诊断出其他人没有诊断出的疾病更感兴趣。然而他们都没有意识到自己给男孩造成的伤害。每一次诊断都让这个家庭越来越困惑，越来越绝望。同样重要的一点是需要向治疗师解释你想要什么。一旦你感觉治疗师没有真正想要帮助你，只是在试图给你贴标签，建议更换其他治疗师。

以下是在选择治疗师时需要注意的其他关键事项：

· 他是否与你和孩子相处融洽？
· 他是真正想要帮助你，还是仅仅对诊断精神疾病感兴趣？
· 他对你表现出同情与理解，还是责备与批评？
· 治疗师是否知道自己在做什么？
· 治疗师是否眼界狭隘，是否有关注到孩子的整体、家庭关系以及家庭学校环境？
· 治疗师是否属于某专业团体？比如在新西兰，咨询师一般隶属于新西兰咨询师协会等专业团体。

你还可以问问身边值得信赖的家人或朋友，看看他们是否认识一些靠谱的治疗师。但成功地帮助过他们的人并不一定适合你，所以这种方式并没有一定的保证。

接下来，我们会对不同专业人员的具体工作进行宽泛的概述。这些专业人员大多是各有所长，但工作内容可能会有很多交叉的部分。

护士

许多学校都设有公共卫生护士的岗位。如果你的孩子就读的学校里也有公共卫生护士，那说明这所学校还是很不错的。护士可以与孩子们谈心，还可以为孩子们做一些重要的健康检查。通常情况下，他们还能够给你一个坚定的方向，让你清楚自己需要什么帮助。一般护士非常善于将人们与当地的服务支持进行合理匹配。

全科医生或家庭医生

可以去找全科医生或家庭医生，咨询有关精神疾病或精神健康的问题。他们对当地的一些服务机构可能比较了解。除此以外，他们还可以通过检查进行诊断，某些情况下他们也可以开药。

咨询师

咨询师可以与孩子进行交谈，能够通过教授孩子一些适合他们年龄的方法，来帮助他们克服困难。当孩子在融入和交友方面遇到困难时，一个好的咨询师应能够帮助他们学习一些与人聊天或是交友的新方法。选择咨询师，重要的是尽量找到合适的人。比方说，儿童或饮食障碍一般会是咨询师的专业领域。

心理治疗师

心理治疗师与咨询师非常相似，但心理治疗师首先关注的是问题背后的触发因素。通常，心理治疗师会通过回溯童年来找到人们痛苦的根源。通过前面几章的介绍，我们对童年创伤已经有了一定的了解，因此我们知道回溯童年的确特别有帮助。

精神科医生

精神科医生专门研究精神疾病。相对于轻中度的问题和行为，精神科医生则可以应对更为复杂、更难解决的精神疾病。精神科医生之所以能够解决非常复杂的问题，是因为有时他们比其他专业人员拥有更多可以尝试的方法。

如果你不确定自己是应该看全科医生还是精神科医生，你可以先看全科医生，他会告诉你是否还需要看精神科医生。私人的精神科医生往往花费特别高，而公立医院虽然免费，但可能需要排队很久。

心理学家

心理学家通常更适合处理复杂的精神疾病。与全科医生或精神科医生有所不同，心理学家是不能开处方的。每个心理学家一般都会有自己的专业领域，如饮食失调或儿童心理治疗等。

同辈支持者

同辈支持者通常是指那些与你遇到的问题有相同经历并给予你支持的人。与他们谈谈心可能会有很大帮助。试想一下，如果你的孩子患有行为障碍，这时候有一位和你有类似处境的家长给予你支持，一定会对你很有帮助的。

导师或青年工作者

导师或青年工作者往往不会提供治疗服务，但他们每周可以跟孩子一起完成一些活动，例如运动、散步或是创立一个艺术项目。这不仅可以让家长有时间休息和放松，也让孩子有机会可以参与一些有趣的活动。如果你想要为孩子选择一位导师或是青年工作者，我们建议尽可能地选择年轻人。

有证据表明，与导师或青年工作者建立积极的关系能够给孩子带来巨大帮助。十几岁的女孩在有导师的情况下，霸凌他人的可能性会降低 4 倍，而男孩在有导师的情况下，焦虑的可能性会降低 3 倍。

需要强调的是，在找导师或是青年工作者时，你需要把孩子的状况和对方解释清楚，并且告知对方你需要他们做些什么。假设你的孩子总是喜欢在汽车跟前跑来跑去，那么你描述孩子状况时说他简直就是天使，这对谁都没有好处。

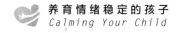

找到适合的人

关于专业人员的选择，可能有人会问："我应该选择资质最高的人吗？"资质确实有其指导意义，但我们已经认识到，委托人与治疗师之间的关系才是最重要的。

迈克尔因主持当地一档有关精神疾病的电台节目，曾访问过数百位经历过精神疾病的成年嘉宾。当他问道："如果让你给正在经历精神疾病的人提一个建议，你会提什么？"嘉宾们的回答几乎都是："我希望自己当时可以明白我是可以更换咨询师或医生的，你们也一样。"

当你觉得专业人员无法帮助到你的时候，就不要再去找他们了，要去试试其他人。前文我们曾提到，处理儿童行为问题时，了解儿童发育特点十分重要。但很遗憾，很多治疗师都不了解这一点，尤其是在涉及儿童和青少年的问题时。他们总是想要尝试在儿童和青少年身上使用最为先进的治疗方法，但实际上有些方法连成年人都不适用。

带孩子参加治疗的正确方式

带一个容易焦虑的孩子去接受治疗，这本身就是个极大的挑战。没有什么对所有孩子都有效的万能方法。对有些孩子来说，你可以提前一周时间告诉他你已经预约了治疗师，事先带他到附近看一看，给他看看治疗师在网上的照片，坐下来给他慢慢介绍治疗的步骤，这么做确实有帮助。但对有的孩子来说，提前告知会让他们有了胡思乱想的时间，反而会使焦虑感更加严重——对于这样的孩子来说，最好是不要提前预警，直接带他们去参加治疗。

假如一次求助的尝试没有成功，不要气馁，还须不断尝试。

保密原则

有些家长不确定他们应该与治疗师分享多少信息。在保护孩子隐私与确保孩子得到最好的治疗之间，很难取得平衡。我们的建议是，多与专业人员分享孩子的信息，他们掌握的信息越多，就越可能帮助到孩子。比如，孩子被某一家庭成员殴打过，专业人员了解到这一信息后，会更容易找到准确的治疗方式。

大多数国家都有类似《新西兰隐私法案》的相关规定。《法案》提出，除特殊情况外，我们应保护自己及他人的隐私信息。《法案》第11条还规定，为避免某人受到（身体或精神）伤害，或是为挽救某人的生命，则有权披露其隐私信息。打个比方，如果你得知一个孩子正遭受性虐待，你必须找到能帮助这个孩子的人，并使其知晓这一状况。记住，生命安全永远要比隐私保护更加重要。

开始于何处

　　求助者的世界可能充满了疑问。能选择的专业人员类型实在太多了。"需要看精神科医生，还是需要一位心理学家？咨询师？社会工作者？或者是心理医生？认知行为疗法咨询师？辩证行为疗法咨询师？格式塔治疗师？以解决方案为主导的治疗师，还是以当事人为中心的治疗师？你需要哪一种？"如果求助者被问到以上一连串的问题，你觉得他们会做何反应？

　　选择越多，越会让人不知所措。我们一直都对求助者说："如果你和孩子觉得不知道该选什么，不知道该从哪里开始，就去找全科医生。"一个好的全科医生不会只是机械式地开药方，他们能够帮助你得到更多帮助——甚至他们可能指导你如何免费获取这些帮助。

开始于何时

　　有人会问："我是否需要等到孩子状况很差时才能够得到帮助？"有些服务机构确实只接待情况严重的求助者，但并不是所有机构都如此。向刚开始遇到问题的求助者提供帮助，会更容易帮他们解决问题，因此，尽量不要等到状况已经很糟糕了才寻求帮助。

获取帮助的障碍

寻求帮助时会遇到一个很大的问题，就是相关的服务项目一般花费会比较高。苏在创建 198 青年健康中心时，就决定将它作为一个为年轻人提供免费健康服务的机构，因为她很清楚最需要健康服务的人往往无法承担高额的费用。

还有许多免费提供帮助的慈善机构；可以试着在网上搜索所在地区的免费咨询服务或是一些社会服务机构。如果搜不到，你还可以联系当地教堂或慈善机构等组织，看看是否还有其他选择。

无论身处何地，无论贫穷富有，总会有人能够帮助到你。

投诉专业人员

如果你的确需要投诉某位专业人士，那么需要先考虑清楚以下事项。

建议不要对每一个可能出错的小事都选择投诉。治疗师也会犯错，是人都会犯错。如果对治疗师做的某件小事不够满意，可以开诚布公地进行讨论，尝试看看是否会有改变。大多数人只有意识到自己做错了什么，才会有所改进。

我们的建议是，尽量针对严重违反信任或专业做法的行为进行投诉。

　　所有提供服务的专业人员都应是注册协会或团体的成员。作为注册成员，所有专业人员都应接受相应的培训，并遵守明确的行为准则。如与专业协会联系，他们通常会帮助你进行投诉。

😊 **小结**

　　求助者的世界充满了疑问和困惑。如果你不确定应从何处开始，建议你先选择解决某一个问题，可以是孩子的睡眠问题、感官问题或是愤怒情绪等问题。确定之后，就针对这个问题来寻求专业人士的帮助。记住，为有行为问题的孩子寻求帮助可能是一个漫长的过程，不要期待短短几次治疗就能出现显著疗效。

不是没有方法，而只是没有找对方法

"他们不是找不到应对之法，他们只是看不到问题所在。"

—— G.K. 切斯特顿，作家和文学评论家

对孩子的问题，很多父母用尽了各种方法，却总是不起作用。原因在于所采用的方法存在问题，其中大概有三类：第一，规则引导法；第二，单一归因法；第三，万能解决方案。

规则引导法

父母养育方法中最常用的就是行为管理中的规则引导法，而此方法认为孩子表现出行为问题是因为他们顽皮、不听话或是怀有恶意。孩子之所以不听话，是因为家长没有给他们制定

规则或者边界。这个方法的问题是只关注到孩子的行为，并没有关注孩子行为问题背后的原因。

单一归因法

下一个存在问题的育儿方式和行为管理方法是单一归因法。这类方法认为孩子的不当行为背后总会存在某一个问题。改变或者解决了这个问题，就能解决孩子的行为问题。单一归因法中的原因一般包括电子屏幕、缺乏锻炼、社交媒体、视频游戏、说唱音乐、父亲失职等。单一归因模式的问题是，它并没有意识到行为问题通常是由多种因素共同造成的。

将所有行为问题归结为某一种原因，完全忽略了孩子不同的个人情况。

我们来看一个和糖有关的例子。糖分摄入过多确实会使某些孩子出现一些行为问题，但有些孩子并没有吃很多甜食，也会表现出同样的行为问题，这其中肯定有其他原因。

一些单一归因的家长，会极端地限制孩子的屏幕使用时间，阻止孩子听说唱音乐，或者单纯减少糖分的摄入。但最后发现能做的事情都做了，可孩子的行为问题仍然没有解决，家长会因此而受到指责。

万能公式法

还有一个大类是万能公式法。

有些有关儿童行为管理的书写道："不管是怎样的孩子，不管遇到怎样的问题——只要你使用作者设计的技巧，所有问题都能迎刃而解。"这种想法对孩子是十分危险的。

比如，很多人认为正念疗法（专注于呼吸）十分神奇，可以用于治疗所有形式的儿童焦虑。虽然正念疗法对有些人来说确实有帮助，但 2019 年的一项研究发现，25.6% 使用过正念疗法的成年人都曾有过不适经历。

本书自始至终都在贯彻这样一个指导性原则，就是没有万能的解法。我们必须注意到个体间的差异。这个原则也适用于不止有一个孩子的家庭，对一个孩子有效的方法并不一定适合其他孩子。

惩罚法的弊端

很多父母认为，改善孩子行为的最佳方法是在孩子做错事的时候对他们进行惩罚。惩罚能够产生效果，前提得是孩子有意选择了做错事。而当孩子情绪爆发时，通常会很不安，想都没想就做出一些行为。这种情况下，惩罚是无法改善他们的行为的，因为这些不良行为并非出于自己的有意选择，而是因为疲惫、焦虑或是对感官问题感到不安等导致的失控情绪。

还有些孩子的不良行为是因为苦恼，如果父母一味地惩罚他们，就只会给他们带来更多的痛苦和折磨。想象一下，孩子试图与大人沟通说："我很苦恼。我没有安全感。我好痛苦。"结果却换来了大人对自己的惩罚。这样的经历会让孩子觉得，向成年人寻求帮助根本行不通。而这样做的长期后果就是亲子关系越来越疏远。

一个孩子因为阑尾炎来到医院，我们不会惩罚孩子说："从现在开始到那个角落自我反省吧。"我们要看到孩子真正需要什么。重要的是，不要动辄就惩罚他们，要看到他们行为背后的真正需求，然后尽全力去帮助他们。

惩罚不仅无法缓和形势，还会加剧问题的严重程度。有人建议当孩子表现不好时，就应该拿走他们积分奖励表上代表积分的贴纸。但如果家长真的这么做了，孩子有可能会表现得更具攻击性、更加苦恼不安。惩罚法不但解决不了问题，往往还会导致更多问题。许多孩子经历创伤后会麻痹自己。对这些孩子进行惩罚更是没有任何意义。

惩罚措施绝不应该拿掉那些有助于调节孩子身心的东西。在《让孩子们玩耍吧》（*Let the Children Play*）一书中，作者提到，很多学校将取消课间休息时间作为一种惩罚手段。但其实课间休息并不是一种奖励，而是一个让孩子宣泄压力的时机。取消课间休息不仅没有解决问题，还会导致更多的问题出现。孩子往往容易表现出更多的行为问题。

因此，在实施惩罚措施时，我们需要格外谨慎，确保不会剥夺那些帮助孩子减压的途径，以及与社会联结的机会。比如，不能为了惩罚孩子就不让孩子去见祖父母。

虽然上面说的行为问题不是因为顽皮，但我们不是说孩子就不需要界限或者规矩。当然要给他们制定些限制性规则，但规则不应该被当作一种惩罚手段。

奖励法的问题

奖励法认为孩子能够冷静地选择做对的事情，但是孩子在发狂时，根本不会考虑后果。因此，奖励法与惩罚法一样，无法改善孩子的行为。

很多人都推崇奖励法，但并没有证据表明奖励法能够改变孩子的行为，同时大量证据证实奖励法可能还会适得其反。1973 年，研究人员曾做过一个十分经典的奖励实验，研究人员要求两组孩子完成绘画任务。研究人员对其中一组孩子说，画得好的孩子能够得到一张盖有金印、绑着丝带的证书；对另外一组孩子说，希望他们为了纯粹的乐趣而画。结果发现，很多为了奖励而画画的孩子都只画完了一半，并且这些孩子的创造性远远不如那些为了乐趣而绘画的孩子。

在《奖励的恶果》（*Punished By Rewards*）一书中，作者艾尔菲·科恩借用了大量研究中的有力证据，来说明奖励机制并不一定能带来益处。科恩认为，奖励会破坏人们的积极性，会使奖励成为行动的唯一动力。他还建议道，不要用比萨券来激励人们阅读，这根本没有用。如果读 20 本书就能获得一张代金券，你是会选择读一些有挑战性的书籍来测试自己的能力，还是会读一些简单易读的书来凑够 20 本书呢？奖励机制也说明，你并不享受自己所做的任务，所以需要有奖励才愿意去做。就好比读书能得到比萨券，这也就意味着读书是件苦差事，不是纯粹为了乐趣而做的事情。

☺ 小结

很多家长在读完一些有关行为管理的书籍后，发觉书中的方法对孩子没有用，然后就会觉得自己很失败。通常这不是因为家长的做法不正确，而是因为这些方法本身就不适用于他们的孩子。因此，我们要广泛尝试各种技术、策略和疗法，毕竟不存在能够解决所有问题的万能之法。

可以考虑让孩子暂时离开学校

"人生的幸福有时取决于避免战争，而不是参与战争，不战而胜
才是真的胜利。"

——诺曼·文森特·皮尔，牧师和作家

许多家长都无法接受让孩子暂时或长期性地离开学校。
我们好像觉得孩子的整个生命过程是依赖学校的。但本书多
次强调，对于孩子的问题，并没有万能解法。标准化的教育
体系却只能提供一种方案，并且要求我们得送所有的孩子去
上学。

但并不是所有孩子都能适应上学。假设一个孩子对草坪
严重过敏，那么他可能会成为一个特例，不能去学校上学。
还有很多孩子觉得上学让人很不舒服，对此我们表示理解，

特别是对于严重感统失调的孩子来说，学校环境中的一切都会使他们感到无所适从。硬是要这些孩子去学校，明显会给他们带来极大的痛苦。

学校里几百个孩子跑来跑去，还发出各种噪音，这些都会让患有严重感统失调的孩子感到十分痛苦。我们需要理解孩子的个体差异。

教育还是健康？

有人会问："那孩子的教育怎么办？"如果孩子处于焦虑的状态，那么教育对于孩子来说就形同虚设。正如我们在前面提到的那样，从生物学角度来说，孩子处在极其痛苦的情绪中时，根本无法学习。生存模式下，大脑会关闭记忆区块，全力供给生存所需能量。孩子焦虑的时候也是一样，没有办法完成学习任务。

建议先进入专门为患有感统失调的孩子设计的学校。这些规模小一些的学校可能更适合你的孩子。

迈克尔曾接触过一个患有严重焦虑症的男孩。他焦虑到头发几乎快掉光了，上学前以及上课的时候还经常呕吐。经过与家长和老师的讨论，他们最终达成了共识：学校的环境并不适合男孩，他应在家里接受家庭教育。18 个月过去之后，男孩的父母认为这是他们做过的最好的决定。男孩情绪平稳了很多，在家里也学到了很多东西，生活中的表现也很不错。

有些孩子可能需要长期休学，而有些孩子可能只需要短暂休息，比如一两个星期。书中讲过的一些治疗方法，可能会需要孩子短暂休学。

😊 **小结**

对许多孩子来说，学校是一个有趣、快乐的地方，他们能够在学校结识新的朋友，收获崭新的体验，还可以享受学习的乐趣。即使孩子并不总是喜欢学校，但因为学校可以给他们带来很多益处，所以孩子还是需要上学。但有些孩子在学校的表现并不好。这样的学生虽不多，但也确实存在。对于这些孩子来说，上学成了他们的创伤。这种情况下，我们建议把孩子的健康放在首位。

建立联结

"我与普通工人之间的友谊，任何东西都交换不了。"

—— 托马斯·阿尔瓦·爱迪生

过去 30 年里，人们高度重视健康与养生。各类资讯告诉我们，要正确饮食，保证足够的运动量，远离有毒的化学物质。然而，对健康的过度关注使人们忽略了决定健康与长寿的最重要因素：社会关系中的强联结。

一项有关长寿的最大规模的研究发现，强联结能够将早亡风险降低 50%。此前我们还提到过"积极的童年经历"，即使经历过创伤，但有积极的童年经历的儿童患精神疾病的风险要比没有积极的童年经历的儿童低 70%，而所有的积极的童年经历几乎都涉及"联结"。

想让孩子生活无忧，就必须教会他们如何建立并维系关系，特别是友谊。孩子若是不懂得如何与人顺畅交谈，世界对于他们就是可怕的存在。他们会在情绪和行为上产生很多问题，比如焦虑、孤僻以及攻击性等等。

独处而不孤独

当人们意识到社会联结的重要性时，却发现对自己真正有意义的联结越来越少，而正是这些有意义的联结给了我们归属感。人们彼此之间看似联系很多，却变得越来越孤独。

多重迷走神经理论中提到大脑中的迷走神经负责调节人们的神经系统，给人们带来安全感，而安全感有助于我们保持心跳平稳，并与周围的人建立联结。感受到威胁时，迷走神经会使人们进入应激反应状态。孩子一旦开启生存模式，则会出现失调反应，专注于生存会导致孩子无法与他人建立重要联结。因此，人们建立重要联结的前提便是安全感。

独处和孤独是两个完全不同的状态。有的人可以有许多朋友，许多联结，但也可以一个人散步，一个人读书，而不会感到孤独。而有的人即便是走在人潮汹涌的街道，抑或是在社交媒体上有几百个好友，但仍会因没有人与他们谈论生活中的重要话题而感到孤独。特蕾莎修女说："孤独是最悲惨的贫穷。"

孩子必备的社交技能

童年时期缺乏自由玩耍时间，会导致社交技能的显著下降。孩子没有家长陪伴，独自一人在公园玩时，如果想玩秋千或是跷跷板，就需要与正在这些设施上玩的孩子进行沟通。若是总有成年人帮他们完成这些必要的沟通，那么孩子就永远也无法掌握这些重要的生活技能。

童年时缺乏社交技能，还会影响到人们未来的职场表现。许多雇主观察到，员工之间发生矛盾时，他们往往不会与他人协调，而是直接辞职，因为他们并不知道该如何解决或处理这一矛盾。如今，很多公司需要的是具有协作能力和人事管理能力的员工。人事管理工作一般都会涉及冲突管理，当团队内部发生分歧时，依然能让大家继续团结协作。

孩子们只靠坐在教室里学习课本中的情商知识，是无法学会人事管理的。他们需要通过与他人进行互动，并且知道如何与周围人进行交谈，来慢慢掌握人事管理能力。

联结的深度是情绪稳定的重要来源

联结的深度是长寿的一个决定性因素，也是一个人情绪稳定的重要来源。有人觉得想要长寿，可以在社交媒体上随机添加一些好友。但事情远没这么简单，因为联结重要的不是朋友的数量，而是友谊的深度。社交媒体上的朋友，无法与现实生活中真正的朋友相提并论。

真正的友情是你可以与朋友分享你所有的快乐与痛苦，而不是简单的浅层次沟通。这些年精神疾病的患病率急剧上升，很重要的一个原因是我们的深层社会交往越来越少了，与人联结的深度不够。

孩子的交友疑问

1. 陌生人一定危险吗？

我们现在所处的环境让整个社会都认为：陌生人即意味着危险。我们总是对孩子说："不要和陌生人说话。"但这样做可能会造成极端情况，因为孩子想要交到新朋友，就势必要与不认识的人进行交流。因此，我们不能完全杜绝孩子与陌生人说话，但可以这样跟孩子沟通："你可以与陌生人交谈，但一旦你们的关系出现问题，或者他们让你感到不舒服，你就要果断地结束这段友谊。"

2. 谁能成为朋友？

有人觉得他们只能同与自己相似的人成为朋友，可事实并非如此。实际上，我们最好的朋友很可能是与我们完全不同的人。谁说朋友必须和自己有相同的爱好？这样的想法简直是无稽之谈。从对方身上学习自己不了解的事情，是建立友谊的一个好方法。如果你不了解对方的兴趣爱好，可以请对方为你做简单的介绍。

3. 如何开启一段对话？

还有很多孩子反映，与别人第一次见面时，总是不知道该说些什么。尤其是双方都介绍完自己之后，就不知道还能说些什么了。紧接着他们就会变得非常紧张，开始看手机，或是尴尬地一走了之。

年轻人可以向新朋友问一些基本问题，比如："闲暇时间你都喜欢做些什么？""你家里有什么人？""你喜欢哪些运动队？""你喜欢听音乐、看电影或是看电视吗？"

孩子常常会因为紧张而忘记要说什么。与其让他们背诵大量的提问方式，不如帮他们记忆一些基本问题："这一周你都做什么了？""今年晚些时候你有什么期待发生的事情吗？"

很多孩子在交谈过程中，还会忽略对方所说的话。因为对方讲话的时候，孩子往往在思考自己接下来要说些什么。

其实，倾听是友谊中一个非常重要的方面。如果可以培养孩子的倾听能力，他们就能彼此建立更好的友谊。

下一步则是教会他们如何更好地回答对方的问题。如果我们问对方一个问题，比如喜欢看什么电影，而对方回答说没什么喜欢的电影，这往往意味着他们不好意思说自己喜欢什么电影。想要避免这样的情况发生，可以给对方一些选项，例如："你喜欢看什么电影？我喜欢喜剧和爱情片。"这样的提问方式会让他们更清楚回答的一个大致方向。

著名作家、心理研究员布琳·布朗，她围绕脆弱性做了大量研究。她提到，想要拥有真正的友谊，脆弱是必需的，这样可以让其他人对自己有所了解。布琳建议不要在第一次见面时就把自己最隐蔽、最黑暗的秘密分享给别人，我们可以先聊聊兴趣爱好。

另外，让孩子到养老院与那里的老人交谈，有助于孩子们培养沟通技巧。养老院的老人通常都比较孤独。有人来和他们聊天，他们都会特别兴奋。这确实是一个培养孩子沟通技巧的好办法。

社交中的常见问题

孩子在尝试交朋友的过程中会出现很多问题。以下列举了一些常见问题以及应对建议。

1. 冷场

很多孩子都会担心的一件事情就是冷场。他们觉得自己必须不停地讲话，才能够让对话顺畅进行。但是在真正的交谈中，停顿是很自然的事情。不要认为停顿就会尴尬，有时候停顿代表你在思考。

经过思考的，通常是一些有意义的事情，而脱口而出的，往往显得比较草率。因此，冷场是完全可以接受的。

2. 不需要完美

交谈没必要要求完美。即便孩子们紧张到舌头打结，或是有点卡壳，都没有关系。孩子还会把自己在电视上看到的聊天场景当作是现实生活中会发生的情况。电视剧或电影中的人物对话自然且流畅，但问题是它们并不真实。

在一次研讨会上，迈克尔发言的主题与多动症、胎儿酒精综合征和自闭症有关。一般情况下，说出这些词对他来说非常轻松，但这一天，他在提到这些词时舌头怎么都不听使唤，于是他要求小组研讨休息 5 分钟，待他整理一下。大家对此都表示理解。

3. 结束一段对话

还有很多孩子不知道该如何结束一段对话。想要结束对话，可以这样表达："谢谢你，跟你聊天很愉快。我现在需要去和那个人说句话。"或是："我现在需要去做某件事。"

4. 从交谈到成为朋友

一次交谈很难交到朋友。如果孩子和某人相谈甚欢，那么可以问对方："我们下个周末去看电影，你要和我们一起吗？"有时候邀请对方参加一些集体活动，比只有你们两个人要轻松很多。

😊 **小结**

联结和友谊使得人生更有意义，让孩子有机会收获幸福，他们必须懂得如何与人建立联结，如何建立积极的友谊。孩子必须与人建立联结，才会有情感上的交流，才能在一次次体验中共情。拥有共情力的孩子，情绪才会更加稳定。

情绪失控下，孩子可能出现的危险行为

"记住，教室里的每一个不当行为背后都有一个故事。这些故事不会让你生气，只会令你心碎。"

—— 安奈特·布鲁肖，教育家和作家

儿童的自制力比大多数成年人要差一些，他们不仅会表现出行为问题，还可能出现一些危险行为。首先我们会探究问题所在，然后会提出一些应对的方法。我们使用"儿童"一词指代那些尚未进入青春期的孩子，但我们探讨的这些行为，同样可能发生在青少年或成人身上。

可能出现的危险行为

撞击头部

很多孩子在极度痛苦的情况下会反复用头去撞击墙壁或桌子。撞击的动作并不柔和，孩子通常会用尽力气。这样的举动在患有感统失调的儿童当中十分常见。

一些家长可能会在墙壁或桌子上铺上软垫，来应对这种情况。但撞击行为的主要问题是，颅内的反复摇晃可能会带来长久的脑损伤。软垫虽能避免外伤，却无法预防由头部剧烈晃动引起的脑损伤。

这些孩子常常会说，希望"它"能停下来。但他们却又不清楚"它"到底是什么。在某些案例中我们发现，某些孩子其实是想要结束自己的生命，因为他们真的太痛苦了，或许他们是想结束这种痛苦的情绪。

自残行为

现在很多孩子都有割伤自己等自残行为。专业上把这种自残行为称之为"非自杀性自伤"。令人震惊的是，一些还很年幼的孩子也在尝试用这样的方式来摆脱痛苦。强烈建议成年人不要总是站在自己的角度去考虑问题。有时人们会认为，青少年也好，成年人也好，他们是想通过自残将无形的痛苦用身体表现出来。但总的来看，我们认为儿童的自残行为并非如此，

他们只是想要结束一种难以承受的痛苦情绪。

身体攻击

有行为问题的孩子还可能会表现出暴力倾向。孩子的暴力表现不是轻轻地打一个耳光，而是结结实实地拳打脚踢。这种情况下，要特别考虑到暴力行为对其他孩子的影响，尤其是弟弟妹妹们，因为他们往往会首当其冲地受到影响。

使用危险工具

焦虑的年轻人会使用父母的信用卡在网上购买刀具。有些孩子只是把它们当作很酷的玩具，但有些孩子可能另有目的。如果你发现孩子购买了类似这样的东西，一定要先去弄清他们究竟是出于什么目的。

自杀行为

2007～2017年间，10～14岁儿童及青少年的自杀率增加了两倍。有人死于自杀，也有更多的人自杀未遂。当儿童表现出自杀倾向时，他们可能正处于崩溃的边缘。成年人可能以为儿童试图自杀只是想要得到关注，但孩子可能已处于紧迫情况的边缘。

家长会觉得，现在的孩子总是把"自杀"挂在嘴边。对有些孩子来说，这些话已经成为他们日常表达的一部分。但大多数孩子不知道"自杀"到底意味着什么。我们建议家长要严肃对待这种情况，与孩子平心静气地谈谈心，看看孩子是在哪儿听到了"自杀"这个词随口一说，还是确实处于极大的痛苦之中。

还需要清楚一点，很多情况下，孩子并不懂得身体的运行机理，所以他们不知道自残等行为可能给自己带来怎样的伤害，一些行为甚至会导致长久性的损伤。

问题的应对

以上这些行为如果朝极端方向发展，往往会威胁生命，我们必须严肃对待。我们曾接触过一些有撞头、自残或自杀行为的孩子，我们总是问他们："为什么要这么做？"有时候我们会得到答案，但更多的时候他们会说自己"就是不知道"或者"就是想不出来"。他们这样说的时候，往往是自己已经处在崩溃边缘了，他们无法清晰地进行思考，只是想要结束这种痛苦。而大多数情况下，在这些行为背后，孩子其实是想表达："我受不了了。太痛苦了。我根本没有选择。我只是想结束一切痛苦。"自闭症儿童尤为如此。遇到任何以上危险行为时，请记住认真对待，这一点至关重要。

本书针对破坏性行为给出了很多不会伤害到孩子的技巧。建议在尝试极端措施之前还是先使用这些方法。

但我们也注意到，孩子的行为可能会非常严重，因此需要采取一些特殊措施。当然，在大多数情况下，我们不会建议家长把孩子按在地上。比如，孩子在墙壁上乱写乱画，或者乱扔玩具，这些情况都不至于按住他们，但如果孩子或者其他人的安全，尤其是生命安全受到威胁时，那就有必要采取一些极端手段。这就好比一般的疾病只需要一些简单的治疗手段，但如果得了坏疽病，可能需要截肢，以避免其他部位被影响。因此，采取将孩子按倒的方法，主要是为了避免发生严重伤亡情况。

家长也可以参加一些有关如何安全约束孩子的课程，一些自闭症儿童相关组织都会提供此类课程。虽然这些课程大多面向自闭症家庭，但所教授的方法一般对自闭症之外的孩子也有效果。家长还应该认识到，遇到极端情况时，必须寻求专业人员帮助。

小结

身为父母，看到自己深爱的孩子表现出令人震惊的行为，一定非常难过。但只要有专业、正确的帮助，一切都会变得越来越好。

父母不焦虑，孩子就不焦虑

"一个从不犯错的人，肯定也没尝试过新东西。"

—— 阿尔伯特·爱因斯坦

很多家长在育儿中长期生活在焦虑中，他们总是担心因为自己的一个小错误，会毁掉孩子的一生。比如，几乎所有的育儿专家都会告诉父母，孩子必须在特定时间睡觉，否则就会影响身高和情绪。规律的生活固然值得提倡，但因为偶尔不遵从规律，父母就变得焦虑，反而会影响孩子。

人类在地球上生活至今，克服了各种各样的困难。我们不妨想一想，古时候的人是如何成长的。那时人们面对的，往往才是真正的危险。非洲一些部落时常受到野生动物的袭击，他们长期生活在恐惧之中。如果人类真的那样脆弱，根本无法生存至今，可能早就灭绝了。因此我们要坚信，人类天生就拥有复原力。

过去十年中，我们居住的城市经历了多次地震、恐怖袭击以及火灾等重大灾难。许多孩子在童年经历过创伤，尽管因为这些天灾人祸，少数孩子走向了黑暗深渊，但我们仍然看到，相当多的孩子能够积极地从这些经历中走出来。在后来的生活中，他们拥有了重要的关系，找到了有价值的工作，也有了生活下去的决心。毫无疑问，发生在他们身上的事情都很可怕，不希望这些事情发生在任何人身上，但人类最惊人的一个特质，就是拥有走出绝境的强大力量。

小结

有时候，我们似乎忘记了孩子的生命力有多么顽强，不断地把自己的焦虑传递给孩子。过去的孩子被狮子追赶都能生存下来，我们就不要再想孩子睡眠不够好怎么办，孩子5岁了还不会阅读怎么办，不要担心这些会对孩子的人生造成不可挽回的影响。这就是童年：难应付就对了，诸事完美是不可能的。

家长也会犯错

"悔改不仅要表达歉意，还要听听别人如何因你而痛苦，但最难的部分，还在于转变自己的行为。"

——大卫·厄尔，演员

家长读完本书后，可能会意识到自己犯过一些错误。如果你的错误使得孩子变得恐惧不安，那么你需要和他们谈一谈。或许你可以在孩子表现行为问题后与他们解释你的感受，并询问他们的感觉如何。如果你确实犯了错，那就勇敢地向孩子道歉。

育儿专家认为，家长在孩子面前应树立绝对的权威，家长一旦示弱，孩子就会恣意妄为。但事实恰恰相反。反思你与孩子的互动模式，是家长应做的。如果你犯过错，仔细研究一下，想想下一次你会怎么做。

有些家长可能会为自己的错误感到非常内疚。如果你也是，那么你们需要清楚一点，每个家长都会犯错。

犯错时，要向孩子证明你可以承认错误，并且为之道歉，孩子会从你身上学到生活中非常宝贵的技能。承认错误并道歉能让你与孩子之间形成更深层次的联结，会使你们之间更加真诚和透明。

学着应对冲突

由埃德·特罗尼克和克劳迪娅·戈尔德合著的《冲突的力量》（*The Power of Discord*）中指出，在健康的关系中，30%的时间都是冲突。良好、稳固的关系中，一旦出现问题，双方似乎总是知道该怎么做。

我们之所以怀疑很多孩子在人际关系方面存在障碍，是因为一旦他们犯了错或是冒犯了某人，他们完全不知道该怎么办。现在许多家长表示他们永远不会当着孩子的面吵架，那么孩子就无法学会如何应对冲突。如果你犯了错，这可能是一个教会孩子如何认错的好机会。

崩溃的父母无法让孩子冷静下来

我们能够理解，照顾一个有行为问题的孩子会使人不堪重负，筋疲力尽。所以有的家长会对孩子发脾气；有的家长会失控发怒，冲孩子大吼。我们绝不容忍这样的行为，但也确实理解有些家长已经处于崩溃的边缘。

婴儿不停地哭闹时，有些家长会感到不知所措，他们会摇晃孩子来让他们不再哭闹，这可能会给孩子造成长久的脑损伤。产前课程会让新手父母了解到，如果遇到这种情况，家长最好先离开一会儿，冷静一下。

一位作家曾经写道："一个情绪崩溃的成年人无法使一个情绪同样崩溃的孩子冷静下来。"在试图与一个情绪痛苦的孩子建立亲密关系之前，你需要想一想，自己现在的状态如何？如果状态不佳，成人暂时离开或许还是很有必要的。

如果你感觉自己正处在崩溃的边缘，建议你向经验丰富且值得信赖的朋友去求助。也可以向医生求助，如果医生听不进去或是无法理解你，那就换一位医生。不要独自面对有行为管理问题的孩子，你是可以去寻求帮助与支持的。

😊 **小结** ←

简而言之，如果你犯了错，与孩子谈一谈会很有帮助。承认自己的错误，问问孩子想要什么，并朝着积极的方向努力向前。

如何处理互相矛盾的建议

"对方给你建议，往往更适合对方，而不是你。"

——香努·艾诗琳，演员

作为家长，最令人懊恼的一件事情是要面对其他人给你的那些建议，即便你并没有问过他们。有些人会对你说："你知道母乳喂养有多不好吗？孩子会特别依赖你。"然后其他人再给你一个不同的建议："你知道母乳喂养对于与孩子建立亲密关系非常重要吗？"很多建议自相矛盾，而且考虑欠妥。

著名诗人亚历山大·波普曾经说过："浅学误人。"遗憾的是，很多人对一些话题就是不求甚解，这还真是挺危险的，说真的，也很烦人。

基于科学的建议

我们的专业是医学和心理学，它们都属于科学。我们提出睡眠对健康很重要，这并非凭空想象。我们阅读了大量研究成果，而这些研究都是由一些严谨的研究人员完成的。科学家不会依赖直觉，他们会不断验证他们的想法。例如，为了解睡眠对人们的影响，我们会召集两组人员，一组人员睡眠良好，另一组则睡眠不足。然后，我们会对他们进行测试，比方说让他们进入驾驶模拟器来观察他们的表现。数据也并非猜测，而是通过严谨的记录得出。

这一点十分重要，因为很多育儿专家提出他们在自己的孩子身上使用了某一技巧，而且很有效。可能这个技巧对他们的孩子确实有效，但不一定对所有人都有效。因此，科学家会在更多人身上反复研究，以排除偶然和巧合的可能性。

一般来说，一项研究中的参与者越多，研究结果就越具科学性。最科学的研究方法是元分析统计方法，该方法往往会对很多个涉及大量参与者的研究进行综合分析，然后得出一个整体结论。这种研究类型的优势是它的参与者众多，这一点大大提高了研究结果的可靠性。

小结

我们需要重新发现谦逊的力量，不要总是把自己当成专家，要始终保持学习的态度。每个人在生活中都需要保持谦逊。对于那些只顾着给家长提供无用建议的人来说，这一点尤为重要。可以想象，家长面对这些建议该有多崩溃。

家长若是遇到这样的建议提供者，可以平和地回答："真的非常感谢你的建议，但是，医生正在给我们提供帮助。"如果对方还是不停地提供信息，家长可以划定界限说："真的很抱歉，但我觉得你在冒犯我。我不需要你的建议。请你不要再说了。"太多的建议提供者都坚信，自己的建议是"标准答案"。本书中有特别注意这一点，我们会提供给你很多可选择的技术与解决方案。但建议提供者往往不理解他们的解决方案不一定对所有人有效。

活到老，学到老

"最高级的快乐源自理解。"

——莱昂纳多·达芬奇

关于如何帮助有行为问题的孩子更好地应对生活，人们总是能够发现更好的方法。遗憾的是，许多技术人们都没听说过，又何谈尝试呢。比如"安全协议"疗法，它给许多有严重行为问题儿童带来了很大转变，但我们发现听说过这一疗法的人寥寥可数。也就是说，有那么多家长因无计可施而抓狂，但解决方法可能就在那里。因此，持续学习极其重要。

如今一个影响很大的问题是，人们对教育的认识比较狭隘。很多家长只关注某一个领域，这一点我们始终想不通。有的家长可能对睡眠研究十分感兴趣，但同时他们忽略了创伤或者自由玩耍的相关理论。

我们十分佩服史蒂芬·波格斯博士的研究。他的研究之所以与众不同，是因为他对心理学（精神研究）和生理学（身体研究）进行了跨学科研究。

然而，很多人仍被困在自己的领域中。鼓励大家能够保持我们与生俱来的求知欲，尝试去了解一些看上去似乎并不相关的话题，你永远不知道它们会给你带来怎样的改变。

如何了解更多？

家长可以报名参加一些课程，线下或线上都可以，这些课程会让你接触到更多有帮助的书籍和技术。同时，要以你自己的标准对这些新理念进行比较，确认作者的可信度。

迈克尔读大学时曾学到，认知行为疗法是精神疾病的黄金标准治疗手段，根本不会有人提及其他方法。而在 298 青年健康中心工作时，他的一位委托人表示，自己曾找过好几位认知行为疗法治疗师，但情况没有得到任何改善。之后迈克尔上网搜索了一些有据可查的认知行为疗法替代疗法，如艺术疗法、自然疗法等。向他人询问，同样也是一种学习的方式。

辩证思考

辩证思维是指从多角度考虑问题。通常情况下辩证性思考是这样的一个过程：人们先思考某一个问题，然后延伸开来，最后会围绕这个问题思考更多。非辩证性思维一般关注的是观点的好与坏，而辩证性思维则关注观点的优势与劣势。

可以追问以下几个问题：

- 这句话是谁说的？这人靠谱吗？
- 作者为什么要写这句话？
- 这个建议听起来是正确的吗，合乎情理吗？
- 这一观点是否会引起其他问题？

寻求新的观点时，会遇到正确的，当然也会遇到错误的。重要的是我们要具备辩证思考的能力。接受多种方案并不意味着所有东西都是正确的。例如，在第二十二章中，我们主要介绍了渐进式暴露疗法，有些疗法一旦使用不当，会危害极大。因此，我们希望大家都能进行辩证性思考。有些人会急于否定，举例来说，急于下结论的人可能觉得眼动心身重建疗法听上去是浪费时间，但具有辩证思维的人会花时间了解它的相关研究成果，再来对它进行评价。

我们两个人已经在各自的领域学习了近50年，但我们完全不觉得我们已经掌握了这个领域的全部知识，而且我们都还在持续不断地学习。犯错没什么大不了的，以前我觉得这个观点是正确的，现在我知道它错了，但没关系。实际上，持续学习允许人们犯错，从错误中我们会学到更多。就像亚当·格兰特的《重新思考》(*Think Again*)一书说的："昨天我错了，但明天我会懂得更多。"书中鼓励人们思考，可能我们不会一直正确，有时自我怀疑会带来更好的想法。对新想法持开放态度并不意味着你应该接受所有的想法。拒绝错误的观点意味着你的思想足够强大。

互联网绝对是一个规模巨大的资源宝库，YouTube上也不仅仅有萌宠视频！如果你在上面搜索一些克服焦虑的技巧，会出现大量有关正念疗法的短视频。如果你想看一些更有深度的内容，可以试着搜索焦虑症讲座，你会发现全世界许多大学的免费讲座视频都能在网上找到。讲座的内容会比短视频更加丰富，但短视频往往会出现在搜索结果的最前面。

TED演讲是关于既定主题的15～20分钟的简短演讲。这些演讲能够很清楚地介绍相关主题，但如果你觉得某人的TED演讲很好，那么你可以搜索一下演讲人。看看这位演讲人是否有时间更长的演讲视频，是否出版过一些著作。

此外，在阅读科学类文章时，我们常常感觉自己完全读不懂。那就再试一次。学习是一种挑战，很难做到看第一次就懂，有时必须读上好几次才能理解。与其他人讨论文章或图书，也有助于我们的理解。

学习需要时间

不善于阅读也没有关系。即使你的阅读速度很慢，或者每天只能阅读几分钟，这也是一种巨大的努力。如果你每天都能坚持，一年下来也能读完几本书。

小结

知识就是力量。对孩子的行为问题了解得越多，就越能帮助到他们。鼓励大家学习，并且持续不断地学下去。

对家庭和朋友的影响

"友谊往往诞生于那一刻，一个人对另一个人说：'什么！你也是？我以为就我这样呢。'"

—— C.S. 路易斯，作家

正如第一章所述，孩子有行为问题，常常闹脾气，使得家长往往不愿出门。买东西也都是使用快递服务。即便收到活动邀请，通常也不去参加，因为孩子的行为让他们觉得难堪。

极少数情况下，家长会选择外出，但孩子又不喜欢与保姆待在一起，所以家长慢慢就不再外出了，最后他们感觉自己像是被困在了家里。情况严重的时候，他们甚至都不愿意叫朋友来家里玩。慢慢地，这些家庭就会变得孤立无援。

当求助者因无法忍受痛苦而找到咨询师时，咨询师会鼓励他们向家人和朋友说出自己的经历，并且向他们寻求帮助。比如，当你每天被烦心事折腾得筋疲力尽时，可以请求其他人帮你修剪草坪。当你需要有人帮你去商店取东西时，可以问问谁能帮助你。有些时候你可能需要有人帮你做一些很简单的事情，比如做一餐饭。好朋友不就是会在你需要的时候在你身边的吗？

你需要对朋友开诚布公，向他们解释你的处境。让他们了解你的孩子目前正在经历一段困难时期。"我不需要建议。你们也不要问我'试过这个或那个方法吗？'我会尽全力，我也正在接受专业人员的帮助。我很想和你们继续维持朋友关系，虽然对我来说这并不容易。"然后可以接着向朋友解释，若是出现问题该怎么做，"我当然希望你能来家里，但你得知道我的孩子可能随时会失控崩溃。"

万一孩子真的情绪失控，你要向朋友说明你希望他们做些什么，以及他们应该做何反应。还要明确告知朋友，什么对自己是有帮助的，什么是没有帮助的。例如，如果孩子怕生，你就要告诉家人或朋友他们需要注意些什么。

我们需要接纳有行为问题的孩子。迈克尔曾遇到过这样一个家庭，他们觉得邀请迈克尔和妻子到家里吃饭很难为情，因为孩子只吃鸡块。他们本以为迈克尔会马上对孩子评头论足。但迈克尔说道："鸡块确实不错。我们也很喜欢吃，能吃鸡块可太好了。"真正的朋友并不会对你评头论足，他们只会给予你帮助和支持。

如果你的朋友也有类似情况，希望你不要对他们说："嗯，孩子还是应该多吃蔬菜。"要知道，这些家长真的已经很难了。他们极有可能已经尝试过让孩子吃不同的食物，但最终结果却是不欢而散。因此，他们并不需要你的评价或是建议。他们只是需要你的理解与支持。

希望家长在讲到如何帮助自己的孩子时，其他人都能够给予理解。但总是有一些人无法理解，还会使你们的生活雪上加霜。读到这里，可能你会想起一些令你失望的家人或朋友。但有些人让你失望了，不代表所有人都会。

寻求帮助时，有时你会觉得自己迫切需要精神支持，有时又会觉得自己应该能够独自应对。如果你的孩子存在行为问题，你就一定了解，这种情况对于任何一位家长来说都是一个巨大的挑战。寻求帮助不是懦弱的表现，你只是难以独自承受。

在外人看来，抚养一个有行为问题的孩子可能也不是什么高难度任务，但事实并非如此。寻求帮助不是因为你懦弱，而是因为你面对的挑战太过巨大。

小结

很遗憾，许多家长因为孩子的行为问题而失去了一些朋友，但这其实可以避免。建议家长要对朋友保持真诚。可以直接向朋友请求帮助，说明自己的需求，告知朋友在有行为问题的孩子面前应如何行事。希望这样可以帮助你克服困难，维持友谊。

第三十六章

承认自己的悲伤

"当该说的和该做的都结束后，我们也就该承受痛苦的代价了。"

—— E.A.布西埃纳瑞，作家

抚养有行为问题的孩子会使人不堪重负，许多家长还会因此而感到悲伤。这种悲伤与经历死亡有所不同。死亡是人们生命的明确终结，但抚养有行为问题的孩子带来的悲伤往往是持续存在的，所以它会不断发展和变化。专业上将其称为"慢性悲伤"。

可能你会经历不同类型的悲伤。没能拥有你幻想中的幸福家庭，你会感到悲伤。不能与伴侣共度美好时光，你会感到悲伤。失去友情，不能经常出门做你想做的事，你会感到悲伤。觉得自己做得不够好，不是一个好家长，希望自己能得到认同，你会感到悲伤。好几年都没出去度假了，你十分怀念度假的感觉，你会感到悲伤。因此，你需要承认自己的悲伤，这很重要。

很多悲伤可能都与孩子的行为问题有关。悲伤的时候，负面情绪会压倒性地朝自己涌来。悲伤也可以是一种隐隐约约的微妙情绪。它让人无法思考，许多人形容悲伤像是排山倒海般的汹涌波涛。不管悲伤是如何影响你的，它都是一种非常可怕的情绪。C.S. 路易斯在《卿卿如晤》（*A Grief Observed*）中写道："竟没人告诉我，悲伤与恐惧如此相似。"

悲伤状态中的身体

悲伤可以通过身体表现出来。它会影响人们的心脏、胸部和肠道。严重的悲伤会导致一种叫作"心碎综合征"的疾病。左心室功能不全时，就会发生"心碎综合征"，因此悲伤会导致严重的健康问题，甚至是死亡。著名演员黛比·雷诺斯在女儿凯丽·费雪去世后似乎经历了这一病症。

人们在震惊状态下，不但根本不会做出正确的决定，还会做出一些看似奇怪且不寻常的行为。有时候，人们会带着悲伤的情绪去逛街买吃的，但因为自己实在是打不起精神，回到家后很可能会把买来的食物扔进洗衣机里。

许多家长会通过心理咨询，来消解孩子行为问题带来的悲伤。大多数情况下，心理咨询是有帮助的，但有研究表明，悲伤咨询可能会带来危害。一项大规模研究发现，38%接受过悲伤咨询的人表示，不接受咨询可能会更好。因为震惊和悲伤都是自然反应。悲伤时马上找到咨询师来剖析自己的感受，可能会使自己越陷越深，无法自拔。因此大多数情况下，不需要找咨询师，只需处在理解支持的环境中，当有人询问状况时，可以卸下悲伤的情绪，这样就足够了。有时人们会在痛苦中陷得很深，需要更多的帮助，这时候寻求心理咨询会更合适。

表达性写作是一种能够消解悲伤情绪的方法。在睡眠那一章中我们也曾提到这一技巧，它对处于悲伤情绪的成年人同样适用。表达性写作就是用 15 ~ 20 分钟的时间写下你心中所想，任何想法或感受都可以。对于某些人来说这可能是一个宣泄的过程。在这个过程中，他们把负面的情绪从大脑中释放出来，并将其转变成积极的情绪。

给予支持

《拥抱悲伤》（*It's Ok That You're Not Ok*）的作者梅根·迪瓦恩说，身边的人感到悲伤时，我们更倾向于帮他们掩盖伤痛，或者是尽可能地让他们看上去很好。我们可能会安慰说，"很多人的情况比你严重多了"。

但如果我们是真的想要支持他们，我们需要承认对方现在确实很痛苦。一旦我们承认了对方的痛苦，对方才会有认同

感，觉得自己是被认可的。所以，如果你觉得你的家人和朋友正在帮你掩盖痛苦，你可以对他们讲，你需要的是自己的痛苦与难过能够得到他们的认可。

小结

多数与悲伤有关的书籍都是为悼念某人而写的，但悲伤也可以有其他理由。如果你的孩子存在行为障碍，你可以深爱他们，也可以因失去自己想要的生活而感到悲伤。悲伤不代表你是自私的，是人都会悲伤。

每个孩子出生的时候，家长难免会对孩子抱有想象和期待。而发现自己的孩子有行为问题后，意味着这些想象与期待只能被放在一边，也有可能永远无法实现。承认这一点，并尽力去克服它，会使生活轻松一些。

隔代抚养

"祖辈，如英雄一般，对孩子的成长不可或缺。"

—— 乔伊斯·奥尔斯顿，作家

　　到目前为止，本书内容主要围绕父母抚养子女，但我们也注意到，祖辈抚养孙辈的情况越来越多。专业上我们把这种情况称为"隔代抚养"（Grandparents Raising Grandkids，简称 GRG）或是"祖辈抚养"（Grandparents as Parents，简称 GAP）。在我们接触过的隔代抚养情况中，一些祖辈确实在照顾有中重度行为问题的孙辈。

　　在祖辈成长的那个年代，儿童尚未表现出如此多的行为问题。在他们成长的过程中，孩子不会对成年人说脏话，不会自残，也不会把椅子扔出窗外。对祖辈来说，想要理解现在的孩子所面对的问题确实很难。

据估计，在大多数西方国家，隔代抚养的比例将近 10%，仅在美国，就有约 250 万～ 450 万的祖辈在抚养孙辈。有的祖辈与子女共同照顾孙辈，他们只是给子女提供帮助。但在某些情况下，孙辈的抚养几乎全部由祖辈来承担。

隔代抚养的情况在毛利人、非洲人以及亚洲人所在社区更为普遍，甚至成为一种文化现象。毛利文化中有一个叫作"哈普"的概念，意为小部落。祖辈在养育后代方面发挥更大的作用也很正常。因为他们的子女就得以安心为整个家庭赚钱。肯尼斯·杰·多卡博士是国际知名的丧亲心理咨询师，他认为许多祖辈是"受伤的医者"，他们之所以抚养孙辈，可能是因为自己孩子的生活出了问题，比如被监禁、患上严重的精神疾病或身体疾病，或是已经去世。还有一些情况，孩子被安置在祖辈那里是为了受到保护，以免遭受家庭暴力或性虐待。

值得注意的是，隔代抚养很可能是因为孩子经历了创伤（比如孩子的父母在车祸中遇难），而创伤会导致严重的行为问题，给祖辈带来极大困难。

尽管大多数祖辈都愿意承担养育责任，但仍然可能遇到很多困难。首先是经济成本。近三分之二的祖辈在抚养孙辈之后，生活水平降到了贫困线以下。许多祖辈没有工作，仅依靠福利或养老金生活。

其次是体力不足。祖辈的体力和健康状况都不比二三十年前。抚养孩子，尤其是有行为问题的孩子，往往会消耗大量的精力。即便是年轻父母，与孩子相处一天下来也会感觉筋疲力尽。因此可以想象，对体力开始衰退的老人来说，抚养有行为问题的孩子是多么困难。

我们并不认为所有祖辈都被科技边缘化了。迈克尔的祖母在87岁时买了一台新电脑，所以许多祖辈都会使用互联网。然而，我们也注意到，还有很多人并不会。在新冠疫情居家期间，我们发现，不同代际、不同社会经济水平之间科技鸿沟愈加明显。许多广告只能在网上看到，但并不是每个人都能接触到互联网或是智能手机。为祖辈提供服务的广告，不仅要在网上能看到，还要确保在海报、报纸或电视上都能看到，这一点尤为重要。需要尽可能通过各种方式使得祖辈们能够接受到我们的帮助。

寻求帮助

我们发现，祖辈通常并不知道自己可以获得哪些帮助。可以尝试在其所在地区寻找一个互助小组。许多祖辈可能从未寻求过社会服务机构的帮助，有时候他们是不愿意求助，有时候是不知道该怎么做。应鼓励祖辈主动向这些机构寻求帮助。

除此以外，还有其他几种寻求帮助的方式。本地医生、医疗中心或慈善机构等可能了解你能获得哪些支持。

小结

　　本章简要介绍了隔代抚养面临的一些困难。这是一个日益严峻的问题，但相应的资源又相对不足。希望能够提高全社会对这一问题的认识，让祖辈了解自己并不孤单，他们能够得到很多帮助与支持。

三个案例的运用

"他没有创造奇迹。他只是一步步拼出了胜利。"

—— 马丁·布罗德，冰球运动员

读完本书，相信你已经大致了解如何安抚情绪失控的孩子。接下来我们会以 3 个 9 岁女孩的情况为例，向你展示怎么把所学的这些方法融合在一起。

三个女孩的名字分别是埃拉、埃玛和埃莉诺。她们都很易怒，会常常踢大人，上学前总是大发脾气，还经常崩溃大哭。虽然她们的行为表现看上去差不多，但我们会应用不同的策略和技巧来处理她们的情况。

埃拉

直到一年前，埃拉的情况都一直很顺利。她在学校表现很不错，交了一群好朋友。但现在，埃拉随时都会与人发生争执，家长和老师也束手无策。交谈之后他们得出了结论，埃拉可能患上了重度焦虑症。

埃拉的母亲听说正念疗法对焦虑症很有帮助，于是在网上找了很多正念疗法的指导练习给埃拉听。她们还会一起跟着来练习。正念练习要求埃拉用 10 秒钟的时间深吸一口气，保持 5 秒钟后，再慢慢呼气。练习了大约 10 天后，埃拉的情况有所改善。她逐渐变得越来越平静，情绪爆发的次数也越来越少，但需要做的事情还有很多。

埃拉在学校仍会感到紧张，所以母亲给她买了一个记忆棉材质的玩偶。埃拉白天都会随身携带这个玩偶，只要感到紧张不安，她就用手揉捏玩偶，然后再看着它慢慢变回原来的样子。

母亲还为埃拉买了一条加重毯，晚上埃拉总是喜欢盖着它。以前，埃拉经常因为怕黑而躺在床上几个小时睡不着，有了加重毯之后，她的安全感越来越强，但晚上她还是会经常睡不着觉。

家人带埃拉去看医生，医生给她开了褪黑素。服用褪黑素的当天，埃拉的睡眠状况大大改善。最终家人意识到，埃拉的焦虑主要来自于睡眠不足。经过几周的治疗，家人觉得埃拉好像完全变了一个人。

注意事项

1. 不是所有焦虑的孩子都需要接受心理治疗。埃拉的焦虑症在没有治疗师介入的情况下也能得到改善。

2. 有时需要使用至少一种方法来帮助孩子。埃拉的家人主要使用了四种方法：正念疗法、记忆棉玩偶、加重毯和褪黑素。加重毯和褪黑素有助于解决她的睡眠问题。如果她的家人只用了加重毯，之后没有再用褪黑素，那么埃拉的睡眠情况不会得到改善。

埃玛

埃玛的父母听说了埃拉的情况之后，想要让女儿也试着做一些正念练习，但他们发现正念疗法对埃玛并无效果。事实上，埃玛的情况还因此有所加重。家人带埃玛去见心理治疗师。治疗师告诉他们："埃玛患有对立违抗性障碍，她冲你们发脾气是为了操控你们，你们不能纵容她。"

埃玛的父母觉得这个治疗师讲得并不准确，于是他们就又找了另外一位治疗师。第二位治疗师认为，埃玛有严重的自恋倾向，如不立即采取相应措施，埃玛的人生会变得十分不幸——她很可能会在 14 岁前怀孕，还可能会走上犯罪道路。治疗师建议，如果他们想要拯救女儿，就必须花费 1 万美元报名参加课程。埃玛的父母婉拒了这一提议。

尽管埃玛的父母已经筋疲力尽，深感绝望，但他们决定再试一次。而这一次，他们遇到了一位非常棒的治疗师，他深知有一个像埃玛这样的孩子，家长肯定很困难，很难过。他不会一味责怪家长，而是为他们提供需要的支持。他用了大量时间来了解埃玛和她的家庭。她的家庭十分有爱。后来治疗师发现，埃玛有非常严重的感官问题。为了解决这个问题，治疗师建议家长给她买一副降噪耳机，同时还使用了"安全协议"疗法。这些方法确实很有用，但这并不是全部治疗措施。治疗师建议埃玛随身带瓶冷水，感觉不知所措的时候可以喝水，也可以去洗手间，尝试用冷水洗脸。这一方法同样很见效。

埃玛的父母希望她能考进一所好大学，所以让她每晚都花很长时间来做作业。治疗师与他们讨论了自由玩耍的重要性。他们开始鼓励埃玛在课余时间根据自己的兴趣接触一些艺术类课程。三个月后，埃玛发脾气的次数大大减少，而且承受能力也有所提升。

注意事项

1.某一种方法对一个孩子有效，对另一个孩子可能无效。埃玛的父母听说正念疗法对埃拉有效，所以就让埃玛尝试，但发现并不奏效。

2.无法保证一项方法发挥作用的时限。埃拉在10天后出现了改善，但期望埃玛在同样的时间内得到明显改善是不现实的。

3.不是所有的治疗师都适合你。埃玛的父母尝试了好几次，最终才遇到了适合的治疗师。

埃莉诺

埃莉诺的父母在几年前的一场车祸中去世，她现在由祖母抚养。祖母坐下来问埃莉诺，为什么她总是不开心，埃莉诺自己也不知道。

从埃莉诺的行为中，祖母最终意识到，孙女因失去父母而患上了创伤后应激障碍。祖母因无力负担埃莉诺的治疗费用，便联系了一些慈善机构，最终有一家机构同意提供帮助。

在慈善机构的帮助下，祖母给埃莉诺找到了一位眼动脱敏与再加工疗法治疗师。眼动脱敏与再加工疗法总共需要进行20次治疗，疗程结束后开始帮助埃莉诺走出创伤。

治疗师建议，晚上在埃莉诺的卧室放上玫瑰花味的香薰。这一方法似乎对她的行为产生了很大影响，祖母注意到埃莉诺的睡眠越来越好。

治疗师坐下来询问埃莉诺的祖母已经获得了哪些支持，财务状况如何，祖母最终承认她现在非常煎熬。治疗师向她推荐了当地的一个有关隔代抚养的团体。祖母原本都没有听说过还有这样的机构。后来她参加了这个团体的会议，发现自己可以获取的帮助比预想的多得多，而且能够与和自己有同样经历的人交谈，她倍感欣慰。

该团体还帮助埃莉诺的祖母解决了她自己的问题。车祸中丧生的不仅是埃莉诺的父母，同时也是自己的儿子和儿媳。但她还没有来得及悲伤，就获得了埃莉诺的全部监护权，而且是独自抚养。她加入的这个团体组织帮助她慢慢消解了悲伤情绪。

注意事项

1. 孩子不知道是什么原因导致他们的行为，这并不稀奇。当祖母问埃莉诺是什么原因导致她的行为时，她自己也不清楚。

2. 需要帮助的并不只有孩子。为了更好地帮助埃莉诺，祖母也需要帮助。

3. 有时，解决一件看似无关的事情有助于找到行为问题的根源。解决埃莉诺的睡眠问题是她康复过程中的一个重要部分。

小结

值得注意的是，在以上案例中，使用的方法不止一种。在出现明显改善之前，需要多尝试。因此，如果一种方法没有效果，建议你继续尝试其他方法。

写在最后

"最后一切都会好起来的。如果还没好，那是还没到最后。"

—— 费尔南多·萨比诺，小说家

最后，还想与你分享一些想法。你觉得一个曾经常发脾气、冲姐姐扔东西甚至向老师扔椅子的孩子，最后会怎样？

很多人认定他一定会成为一个精神病患者，最终被关进监狱。他也不会取得任何成绩，成为什么大人物。但阿尔伯特·爱因斯坦，全世界最有影响力的科学家，就是最有力的反驳。

我们注意到，孩子发脾气的时候，许多家长会对自己非常不满，他们一方面觉得一定是自己做错了什么，另一方面又会担心孩子长大后会不会出大问题。但事实不是这样的。发脾气主要是因为儿童的大脑没有发育完全。随着儿童大脑逐渐发育成熟，很多行为问题会自行消失。并不是说家长在这个过程中什么都做不了。本书中提到的各种方法和策略都可以帮助你应对这些行为。

在本书结尾，衷心祝愿所有人在抚育子女的道路上一切顺利。成为父母，养育子女，应该是一个十分美妙的旅程。旅途中总会遇到荆棘与坎坷，但我们相信一定是惊奇和快乐多于痛苦。大部分读者都不会总遇到困境。我们撰写本书的初衷是希望一切能朝着更好的方向去改变。希望这本书能像一把瑞士军刀，里面的工具总能帮助你顺利地渡过难关。